韓·中
감각형용사 의미 구조

KSI 한국학술정보㈜

韓·中
감각형용사 의미 구조

김찬화 지음

KSI 한국학술정보㈜

| 머 리 말 |

중국인을 대상으로 하는 한국어 교육의 현장에 몸을 담고 있으면서 외국어 교육에 있어서 어휘의 위상 특히 어휘의미의 중요성을 새삼 깨닫게 되었으며 따라서 어휘 의미에 대한 나의 관심도 고조되었다.

이 책은 어휘의미론의 바탕 위에서 현대 한중 감각형용사들의 의미적 공통점과 차이점을 기술하는 데 목적을 두었다. 이러한 작업은 어휘의 의미 구조 기술이라는 의미론의 중심과제를 해결하기 위한 한 시도가 될 수 있을뿐더러 한·중 어휘 대조 연구에 있어서도 새로운 시도를 한 것이라 할 수 있다.

본격적인 논의에 앞서 2장에서는 감각형용사의 개념을 정립하고 그동안 행하여져 왔던 감각형용사의 분류를 살펴보았다. 이러한 분류에 기초하여, 본고에서는 감각을 인간의 오관에 근거하여 시각, 청각, 후각, 미각, 촉각 등으로 나누었으며 또 시각은 광선의미, 색채의미, 공간의미로, 촉각은 표면촉각, 온각, 통각으로 세분하였다.

이에 근거하여 본고에서 언급할 형용사들을 확정하였다. 3장에서는 한중 감각형용사의 기본의미에 대해 고찰함과 더불어 그 대응 양상을 밝혔다. 기본의미는 문맥이 제시되지 않고 단어가 고립에 있을때 화자에게 일차적으로 떠오르는 의미이다. 하지만 이 기본의미는 너무 막연하기 때문에 더 명세화할 필요가 있다. 의미에 대한 '성분분석법'은 구조·기술주의 언어학의 가장 중요한 방법인데 이 방법에 의거하면 한·중 감각형용사의 각각의 낱말들의 공통 자질과 변별 자질을 밝힐 수 있으므로 개개의 낱말의 구체적인 의미에 접근할 수 있다. 한 언어와 다른 한 언어의 대조에는 일대일 대응, 일대다 대응, 다대일 대응 등 현상뿐만 아니라 이쪽 언어를 사용하는 문화권에 있는 말들이 저쪽 언어를 사용하는 문화권에서는 어휘적 빈칸(lexical gap)으로 나타날 수도 있고 그 개념이 똑같지 않을 수도 있다는 것을 염두에 두고 한국어와 중국어의 대응양상을 살폈다. 4장에서는 한중 감각형용사의 전이의미, 즉 공감각적인 전이와 비유적·추상적인 전이의미에 대해서 대조 고찰하였다. 단어는 고유한 기본의미를 가지고 있지만 다양한 문맥이나 상황에 사용되면서 의미전이가 일어난다. 기본의미에서 일대일 대응을 이루고 있더라도 한국어와 중국어는 서로 다른 문화권에 있는 언어인 것만큼 그 전이의미에서 물론 공통점이 있기는 하지만 차이점이 더욱 많을 것이라는 것을 염두에 두었다. 뿐만 아니라 이쪽 언어에 는 어떤 개별 낱말의 기본의미가 전이되어 모종의 의미를 나타내는데 저쪽 언어에서는 그런 모종의 의미만을 나타내는 고정된 낱말이 있다는 것에도 논의의 초점을 두었다. 의미의 실체 자체가 추상적인 속성을 지니는 까닭에 의미론적인 접근이 쉽지 않지만 의미의 실체에 대한 접근, 특히 대조언어 영역에서 의미론적으로 접근하려는 노력은 앞으로도 지속적으로 이루어져야 할 것이다. 어휘의미 연구에 관심을 가지고 꾸준히 노력했지만 부족하고 미흡한 점이 많다는 것을 스스로도 느낀다. 자그마한 성과이지만 후학들의 공부에 도움이 되기를 바라며 앞으로도 신비함이 가득한 언어에 계속 관심을 갖고 연구를 해야겠다고 마음속으로 다짐해 본다.

부족하나마 한 권의 책으로 내면서 은혜 입은 많은 이들을 떠올리게 된다. 먼저 지도교수이신 김병욱 교수님을 비롯한 인천대학교 국어국문학과 교수님들의 따뜻한 가르침에 감사를 드린다. 그리고 단비 같은 조언과 정확한 지적을 해 주셨던 김문창 교수님을 비롯한 심사를 맡으셨던 분들께도 감사를 드린다. 유학 동안 내내 성원을 해 주셨던 이재석 교수님, 그리고 지금은 고인이 되셨지만 생전에 만날 때마다 편안함과 진심을 느끼게 했던 여경우 교수님께 고마움을 전한다. 그동안 여러 면에서 많은 도움을 주었던 선배님들과 후배들 그리고 동문들에게도 고맙다는 말을 하고 싶다.

어렵고 힘들 때 힘이 되고 울타리가 되는 것은 가족이라는 존재이다. 언제나 허약하게만 느껴지는 딸이 학위공부와 직장생활로 몸이 상할까 봐 항상 걱정하시면서도 자랑스러워하셨고, 또 정신적·물질적으로 무조건적인 지지를 해 주시는 부모님이셨다. 이렇듯 훌륭한 부모님의 사랑이 없었더라면, 용기를 내어 이 글을 쓰는 일은 불가능했을 것이다. 이 책을 사랑하는 아버지와 어머니께 바치면서 그이들의 건강을 두 손 모아 빈다.

끝으로 어려운 여건일 텐데도 부족한 글을 기꺼이 책의 형태로 세상 빛을 보게 해 주신 한국학술정보(주) 여러분들께 진심으로 감사드린다.

CONTENTS

| PART 04. 韓·中 감각형용사의 전이의미 |

| PART 05. 결론 |

PART 01

서론

1.1. 韓·中 감각형용사 의미 대조의 목적은 어디에 있는가

본 연구는 어휘의미론의 바탕 위에서 현대 한국어와 중국어의 일련의 감각형용사들을 대상으로, 이것들의 의미적 공통점과 차이점을 기술하는 데 목적이 있다.

주지하는 바와 같이 한국어는 알타이어족에 속하고 중국어는 漢藏語族에 속한다.

유형적으로 서로 다른 한국어와 중국어에 대한 연구는 대조언어학의 대상이 되어야 적합할 것이다. Fisiak(1981)는 "대조분석은 언어학의 하위 분야로서, 두 개나 그 이상의 언어를 비교하거나 언어의 하위 체계에 관심을 두고 있다. 이것은 이들 사이의 유사점과 차이점을 발견하기 위해서이다."고 정의했다. 즉 대조언어학(contrastive linguistics)이란 둘 이상의 서로 다른 언어를 견주어서 그들 사이의 제반 공통점과 차이점을 연구하는 언어학의 한 부문이다. 대조언어학은 주로 공시적 연구를 통하여 친족 관계 유무와 상관없이 둘 이상의 언어 사이 공통점과 특징을 밝힘으로써 언어교육과 같은 실용적인 목적까지 추구하려는

분야이다.[1]

한 민족의 언어는 그 민족의 사상, 감정을 표현하는 도구가 될 뿐만 아니라, 그 민족 구성원들이 사물의 자극에 대해 어떻게 반응하는가 하는 것을 알 수 있게 하는 단서를 제공해 준다. 그런데 그중에서도 '감각어'라 지칭되는 어휘들은 인간이 사물을 지각하는 데에 있어 가장 기초적인 정보를 제시한다.

경험주가 자신의 특정 부위에서 느끼는 감각 상태를 서술하는 형용사가 감각형용사(유현경, 1998)인데 이에 대한 연구는 한 민족이 성장해 온 문화적 측면을 이해할 수 있을 뿐만 아니라 감각에 대한 수용 양상을 이해하는 데에도 도움을 줄 것이다.

감각은 인간의 오관을 통하여 전달된다. 이 감각은 인간의 느낌과 밀접하게 관련되어 있다. 감각형용사도 시각, 청각, 후각, 미각, 촉각 등 기관에 따라 나뉘는데 특히 한국어 감각형용사는 음운의 대립, 접사의 분포, 통사구조의 차이, 감각의 전이현상 등으로 인하여 의미의 차이가 다양하고 복잡하게 나타나고 있다.

인간이 의사전달의 매개체인 언어라는 기호를 사용하면서 언어는

---

1) 대조 분석적 연구란 두 개 또는 그 이상의 언어를 언어의 모든 분야에서 체계적이고 일관된 모델을 사용하여 대조하는 것을 말하며, 이는 개별적인 사실들의 대조를 통해 언어 전체를 보려는 구체적인 연구이다. 대조연구에서는 둘 이상의 언어를 대조 비교하는 데에 있어서 언어 간 차이점과 공통점들이 다 포함하여 다루어지지만 차이점에 더 주안점을 둔다. 대조분석은 언어에 대한 공시태적 연구로 그 대상 영역은 단어의 음운, 형태, 의미, 문장, 문화영역 등의 연구를 모두 포함한다.
대조언어학은 비교언어학(Comparative Linguistics)과 대비되는데, 비교언어학은 언어변화 및 언어 간의 관계를 연구하는 통시적인 분야로 한 언어의 초기 형태와 후기 형태를 비교하고 상이한 언어들을 비교함으로써 특정 언어들의 어원적 상호 관련성을 연구하는 학문이다. 즉 원시 조어를 나타내기 위하여 언어의 친족관계를 연구하는 학문 분야이며, 여러 가지 유사한 언어를 비교해서 그 언어들이 파생되었을 것으로 생각되는 하나의 원시 조어를 재구성하려고 노력한다. 따라서 비교언어학은 언어를 비교함에 있어 주로 공통점을 찾아내고자 하는 데에 역점을 둔다(상세한 것은 강현화의 「대조분석론」, 2003, 참조).

개념을 기호화하는 도구로서 그 역할을 담당해 왔다. 특히 문자의 출현으로 언어는 형식과 의미의 복합체로 자리매김하게 되었다. 따라서 한 낱말은 특정한 음성 내지는 형태와 특정한 의미만을 내포하는 것으로 결합되는 것이 이상적이라 하겠으나, 사회와 문화가 현저히 발달하고 복잡해지며, 외부 문화와의 많은 교류 그리고 쏟아지는 정보의 범람 속에서 의미와 형식이 一對一의 단순한 대응관계를 형성할 수 없게 되었다. 형태와 의미 사이에는 多對一 내지는 一對多의 관계가 성립되어 동일 형태에 여러 의미가 결합되거나 여러 형태가 동일 의미를 가지게 되는 경우가 발생하게 된다. 그런데 개념을 지칭하는 언어를 끊임없이 만들어 낸다는 것은 기억의 부담을 가중시키므로 (Ullmann, S. 1957) 다의어가 만들어지지 않고는 언어의 본질적 역할, 다시 말해 표현과 의사소통의 기능을 효과적으로 수행할 수 없게 된다.

이에 본 연구는 한국어 감각형용사와 중국어 감각형용사의 의미를 검토하고자 하는데, 사전에 설정된 기본의미 항목을 바탕으로 양국 감각형용사의 기본의미 대응 양상, 그리고 다의어로서의 문맥적 의미가 어떻게 분화되어 가는가 하는 것을 고찰해 보고자 한다. 예를 들면 미각형용사 '시다'의 기본의미에 대해 '酸'이라고 한 사전적 판별은 '시다'와 '酸'을 다의어에서노 같은 의미로 인식히게 하는 오해를 불러올 수 있으므로 다의어로서의 문맥적 의미의 대조가 필요하다고 판단된다. 뿐만 아니라 韓·中 양 언어를 대조해 가면서 동일 언어 내에서 유의관계에 있는 일부 어휘들의 변별도 수행하고자 한다.

외국어를 배우는 사람들은 대부분이 이미 모어에 익숙해 있다. 모든 언어는 자기 고유의 언어구조를 가지고 있으므로 같은 의미들이 상이한 여러 언어들에서 다양한 표현들로 나타날 수가 있다. 모어에 상응하는 표현이 없는 외국어의 어떤 표현들은 모어의 표현과 같거나 또는 비슷한 표현들보다 터득하기가 어렵다. 모어와 외국어의 차이가 크면 클수록 외국어를 습득하는 데 어려움이 더 크다. 대부분의 외국어 학습자는 모어에 나타나는 현상을 연상해서 외국어를 이해하려는 경향을 보인다. 모어는 외국어를 무의식중에 간섭하게 된다. 두 언어에 대한 대조분석은 교사로 하여금 학습의 용이성과 난해성의 구분, 교과서의 과학적 기술에 의한 효용도 등을 통해 학습자가 안고 있는 실질적인 문제를 파악할 수 있도록 해 준다. 대조분석은 학습자에게 어려운 항목으로 판단된 부분, 즉 모어의 간섭에 의하여 오류가 발생되는 부분을 철저히 학습할 수 있게 한다. 한국어와 중국어의 대조연구는 중국어를 모어로 하는 중국인에 대한 한국어 교육에 일조를 할 수 있을 뿐만 아니라 한국어를 모어로 하는 한국인에 대한 중국어 교육에도 도움이 될 것이다.

1.2. 韓·中 감각형용사의 연구는 어디까지 왔는가

기존 연구사는 우선 먼저 한국어 감각형용사에 대한 선행연구와 중국어 감각형용사에 대한 선행연구로 나누어 살펴보는데 시각(색채, 공간), 청각, 후각, 미각, 촉각 등 순으로 살펴볼 것이다. 그 다음 양국 대조연구에 대한 기존의 연구를 검토해 볼 것이다.

한국어 시각형용사 중의 색채어에 대한 연구는 크게 문학적인 측면2)과 국어학적인 측면의 두 부분에서 이루어졌다. 색채어에 대한 국어학적 연구에서는 의미론, 형태론3) 어원론적인 면4) 등 다양한 측면

---

2) 문학적인 연구로는 김영수(1974), 박갑수(1975), 박갑수(1976)를 늘 수 있다. 김영수(1974)는 김동인, 최인훈, 서기원의 소설작품에 쓰인 색채어를 통해 그들의 개인적인 양식과 그 세계에 노출된 시대상의 정신풍모를 살피면서 문학작품 분석에 색채어 연구가 이바지할 수 있는 가능성에 대하여 중요한 암시를 제공하였다. 박갑수(1975)는 현대시와 현대소설에 나타난 색채의 빈도를 각각 '靑>白>赤>黑'과 '白>赤>黑>靑'으로 설정하였고, 박갑수(1976) 또한 시와 소설에 나타난 색채어의 빈도와 분포를 조사하면서 이들 색채어의 구사배경과 수식대상을 살폈다. 이러한 논의들은 문학작품 속에서의 색채어 사용이 색깔의 묘사뿐만 아니라 그 작품의 주제를 나타내기 위한 분위기 조성에 기여할 수도 있다는 점을 보여주고 있다.

3) 색채어에 대한 형태론적 접근에는 현성순(1982), 강재원(1985), 김인화(1987)를 들 수 있다.

4) 색채어에 대한 어원론적 접근은 최창렬(1988), 서정범(1996) 등을 들 수 있는데 이들은 민간 어원이라든지 알타이어 계통 간의 비교를 통해 색채어의 어원을 자연물과의 연관 속에서 찾고 있다.

에서 연구가 이루어졌다. 색채어에 대한 의미론적 연구에는 김성대(1977), 홍선희(1982), 현성순(1982), 박선우(1985), 김인화(1987), 정재윤(1988), 강보유(1994) 등이 있다.

김성대(1977)는 밭이론을 최초로 색채어에 적용시킨 시도라고 볼 수 있다. 김성대는 조선시대의 색채어 낱말밭을 전기(15세기)와 후기(17세기)로 나누어 공시적으로 고찰하였다. 조선시대 전기 색채어를 '희다', '검다', '회색', '붉다', '누르다', '푸르다' 등 6색 구조로 정하여, 이것이 후기에 와서 '분홍색', '갈색', '보라색', '부연 색' 등으로 세분화되어 10색 구조를 이루고 있음을 정의하고 그 변천과정을 설명하고 있다.

홍선희(1982)에서는 색채의 개념화 과정을 살피고 기본색채어의 낱말밭을 10색 구조로 나누어 각각이 자연물과 맺고 있는 연관성에 대해 고찰하고 있다.

현성순(1982)에서는 포괄적인 색채어의 수집과 설문지를 통한 기타 색채어의 색깔 확인 작업을 시도하였다.

박선우(1985)에서는 고유어를 대상으로 각 색채어들의 색깔을 색상, 명도, 순도, 농도, 광택, 선명도, 산뜻함 등을 기준으로 구별하고 그것을 의미적 특성으로 고찰하였다.

김인화(1987)에서는 고유어 파생 색채어를 대상으로 파생부분과 의미표현의 연관성을 설문지법을 이용한 화용론적 입장에서 조명하고자 하였는데 색채어의 파생과 색깔 이외의 부수적 의미를 유발해 내는 요소로 상황과 수식 대상을 들고 있다.

색채어의 어휘분화에 대한 논의로는 정재윤(1988)이 대표적인데 명암과 채도 면에서 <높은 정도>, <낮은 정도>, <아주 낮은 정도>의 특

성을 상위분절로 하여 개별 어휘가 분화되는 양상에 대해서 논의하였
다. 이들의 논의는 전체 체계 속에서 개별 색채어가 차지하는 내용적
상호 연관성과 위치 가치를 규명했다는 점에서 높이 평가할 만하지만
개별 어휘 자체의 구체적 의미규명의 부족이 지적될 수 있다.

강보유(1994)에서는 색상, 명도, 채도, 투명도 등의 의미소로써 색채
형용사의 색채학적 의미의 내면 구조와 그들의 계열성, 층차성을 분
석하였다. 이는 색채어의 어휘분화가 지니는 변별성을 좀 더 구체적
으로 규명해 내고자 하였다는 점에서 의의가 크다.

시각형용사 중의 공간 지각어를 대상으로 삼은 연구는 배해수
(1982)에서 시작되었다. 이 연구는 낱말밭(lexical field) 이론에 따라 공
간 지각어가 어떠한 분포를 보이는가에 대해서 논의했을 뿐 각 어휘
들의 의미를 밝히지는 않고 있다.

의미론에 입각한 국어 공간 지각어에 대한 본격적인 연구는 임지룡
(1984)에서 시작되었다. 임지룡(1984)에서는 공간 지각 형용사 '길다/
짧다, 높다/낮다, 깊다/얕다, 멀다/가깝다, 두껍다/얇다, 굵다/가늘다'를
하나의 낱말밭으로 설정하고 이들의 의미특성을 살피고 있다.

양태식(1985)에서는 구조주의 의미론에 입각해서 연구를 진행하였
다. 공간 지각어를 선, 면, 입제와 관련된 '차원 낱말'이라 부르고 낱말
밭 속에서 계열 관계와 결합 관계를 밝혔으며 낱말밭의 구조를 연구
하였다.

노대규(1988)에서도 다른 연구와 마찬가지로 공간을 1차원, 2차원,
3차원으로 나누고 낱말과 차원의 관계를 살피고 각 어휘의 기본의미
를 밝히고 있는데 의미자질을 설정하지 않은 반면에 각 어휘의 전이
의미에 대해서는 고찰했다.

임지룡(1989)에서는 국어 대립어의 의미체계에 대해서 논의하면서 공간 지각어도 다루고 있는데 '극성, 중화, 유표성'에 기준을 두어 국어 대립어를 반의어와 상보어로 나누고 '공간 지각어'는 반의어 중 척도 반의어에 속하는 것으로 분류하고 있다.

공간 지각어에 대한 선행연구에서 공간 지각어의 차원 분류체계, 기본의미, 의미 특성 등을 구체적으로 밝히고 있지만 전이의미의 논의는 결과의 나열에 그치는 감이 없지 않다. 김준기(2004)에서는 척도어들이 공간성에서 구체성, 시간성, 추상성, 관용성으로 의미확장이 이루어지는 것을 살피면서 이런 척도어들의 가치 상태 등을 고찰하였다.

미각어에 대한 연구로는 배해수(1982), 이동길(1988), 김준기(1999) 등이 있는데 배해수(1982)에서는 맛의 유형을 넓게 잡아 미각 기관에서 구별하는 맛과 후각에서 판단하는 맛, 그리고 입속의 통점자극에서 느끼는 맛까지 합하여 12가지로 규정하여 한 범주로 다루고 있다.

이동길(1988)은 미각어의 기본적인 어휘에 대해 그 유형과 구조를 논의하고 있으나 그 밖의 어휘에 대해서는 '속담, 비유적 전용 표현'으로서 열거하고 있다. 김준기(1999)에서는 주로 미각어의 전이의미에 대해 고찰하고 있다.

촉각어에 대한 연구에는 김준기(2002)가 있는데 여기서는 단어들이 다의적인 속성을 가진다는 사실을 바탕으로 촉각어들이 가지는 중심적 의미 이외에 전의적 의미 양상에 대해서도 고찰하였다.

중국에서는 감각어에 대한 연구가 거의 없는 상황이다. 다만 색채어에 관한 연구가 있기는 하지만 그 논문 수는 많지 않다. 특히 현대 중국어만을 대상으로 한 연구는 거의 없는 실정이다.

지금까지 발표된 논문 가운데 劉鈞杰(1985)에서는 색채어의 형태를 네 가지로 나누고 각각의 형태를 분석하고 있다.

劉丹靑(1990)에서는 중국어의 기본 색채어를 설정하기 위하여 색채어의 형태, 품사, 파생 의미항 등에 대해서도 고찰하고 있다. 朱文俊(1990)에서는 색채어의 상징의미에 대하여 간략하게 검토하였다.

曹愷(1991)에서는 언어에 있어서의 색채의 比喩義에 대하여 소략하게 다루고 있다. 張淸常(1991)은 다른 연구에 비해 색채어를 전반적으로 다루고 있다고 할 수 있는데 상고로부터 현대까지의 색채어를 통시적으로 연구하고 있다. 이 외에 중국어 색채어를 연구한 기존의 연구는 거의 다 80년대와 90년대의 연구들로 각기 그 내용을 살펴보면 아래와 같다.

張永言(1992)에서는 상고 중국어의 동의어를 정리하고 다양한 각도에서 그 의미와 용법의 차이를 분석하고자 하였으며, 통시적인 차원에서 '오색'을 고찰해 보고자 하였다.

常敬宇(1992)에서는 어휘의 상징의미를 다루면서 색채어의 상징의미를 '紅, 黃, 白, 黑, 紫, 綠, 藍, 灰, 粉紅' 등으로 분류하여 논의하고 있다.

위에서 언급한 바와 같이 중국어의 색채어에 대한 기존의 연구는 대부분이 깊이 있는 논의가 이루어지지 못하고 있었으며 색채어 전반을 체계적으로 다룬 연구 역시 없는 실정이다.

최근까지 韓中 양국 언어에 대한 본격적인 대조 연구는 80년대를 전후로 주로 연변대학과 연변지역의 학술 단체에 의해서 이루어져 왔다. 다음은 중국에서 연구된 韓中 양국 언어 대비와 관련된 논문들이다.

许维翰(1978), "汉朝语音对比初探"〈汉语教学语研究〉预刊　第3期.

云锋(1980), "汉朝语的词义及用法对照",〈汉语学习〉80年1－2期.

车光一(1984), "现代朝汉语音韵体系对比",〈朝鲜语学〉论文集.

张与权(1984), "朝鲜语和汉语词汇对比",〈中央民族学院学报〉.

权奇英(1984), "朝鲜语过去时词尾与汉语助词'了'的比较",〈延大学报〉84. 2.

金钟太(1985), "论现代汉语被字句在朝鲜语中的对应形式",〈延大学报〉85. 1.

崔奉春(1985), "谈朝鲜语指称表达法的基本特点",〈延大学报〉85. 2.

安英姬(1985), "汉朝语亲属称谓词对比",〈延大学报〉85. 2.

金钟太(1985), "谈汉语被字句和朝鲜语被动句对应比较的不同点",〈延大
　　　　学报〉85. 3.

玄今锡(1985), "汉语的'动＋宾'同朝鲜语相应格式的对比",〈延大学报〉85. 3.

柳英绿(1986), "'到'字句及其相应的朝鲜语句式",〈延大学报〉86. 1.

张义源(1987), "谈朝鲜语汉字词与汉朝翻译中'读音译法'的特殊性",〈延大学
　　　　报〉87. 1.

金祥元(1987), "从朝汉多谓语句对比中看朝鲜语复句问题",〈朝鲜语言学论
　　　　文集〉吉林省朝鲜语言学会　编　延边大学出版社.

김덕문(1988), "한어와 조선어의 접촉 및 그 상호영향에 대해",〈조선어연구〉
　　　　2집, 연변사화과학원 언어연구소 편, 흑룡강조선민족출판사.

崔奉春(1989), "朝汉语语汇对比", 延边大学出版社.

　이상과 같은 대조연구가 있었지만 韓·中 언어에 대한 본격적인 대조연구는 아직 초보단계의 실정이다. 그것은 언어 대조 연구가 주로 실용적인 목적에서 비롯되기 때문인데 한국과 중국 간의 교류의 시기나 폭에 있어 지금까지는 韓·中 언어 대조 연구가 그다지 절실하지 않았다고 볼 수 있다. 그러나 한국과 중국 간의 문화교류가 다양한 방면에서 빈번하게 이루어지고 있는 현시점에서 韓·中 대조 연구는 그 어느 때보다도 아주 절실하다고 할 수 있다.

　한국에서도 언어교육의 실용적인 목적을 위한 韓·中 대조연구는 최세진에서 음운, 어휘, 통사 각 방면에서 종합적으로 이루어졌지만5)

본격적인 韓·中 대조 연구는 70년대부터 시작되었다고 할 수 있다.

鄭基燁(1976), 盧東善(1976)은 韓·中 양국 언어를 대조 분석한 초기연구이다. 이어서 성원경(1977), 성원경(1988), 맹주억(1990), 허벽(1991) 등의 연구가 이루어지면서 韓中 양국 언어에 대한 대조연구가 본격적으로 시작되었다.

그리고 최근에 윤우진(2001), 김정은(2002), 조문우(2003), 조영화(2003), 진영심(2003), 윤경애(2003), 김영순(2003)에서 韓·中 대조연구가 간혹 있기도 했다.

그동안 한국어와 중국어는 문법론과, 어휘론에서는 주로 한자 어휘 면에서 대조 연구를 진행한 것을 볼 수 있었지만 순수 의미론적 관점을 취한 대조 연구는 없는 실정이다. 따라서 본 연구는 순수 의미론적 입장에서 韓·中 감각형용사를 연구함으로써 기존 대조연구의 미비한 점을 보완할 수 있기를 기대한다.

---

5) 강신항(1985)에서는 조선 전후기를 통틀어 최세진만큼 중국어를 한국어로 잘 언해하고 또 중국어 어휘와 통사구조에 대해 대조하고 있는 학자는 찾아보기 힘들다고 했다.

1.3. 韓·中 감각형용사 의미 대조를 어떻게 할 것인가

우리가 흔히 감각이라고 할 때, 두 가지 면에서 해석이 가능한데 그 하나가 생리학적인 면이고 또 하나는 심리학적인 입장이다. 그런데 심리학에서 말하는 감각이라는 개념은 '감정'과의 관계에 있어서 최근 수십 년 사이에 많이 달라졌다. 즉 이전에는 감각이라는 범주 안에서 시각이나 청각 등과 감정을 병렬시켰으나 J. 워드와 W. 분트에 의해서 감각은 객관적인 것이고 감정은 주관적인 것으로 구별되었다. 국어사전에서 감정을 보면 ① 느끼어 움직이는 마음속의 기분이나 생각, ② 사물 현상에 느끼어 움직이는 마음의 작용 중에서 快, 不快, 기쁨, 슬픔, 노여움 따위의 주관적인 의식현상이라고 풀이하고 있다. 즉 감각은 외부의 刺戟에 의하는 직접적, 구체적, 객관적인 생리반응인데 반하여 감정은 사물 현상에 의하는 간접적, 추상적, 주관적인 정신현상이라고 정리할 수 있겠다. 이러한 측면에서 볼 때 감각은 인간의 오관 느낌 자체를 나타내는 것이며 그런 감각에 의거하는 감각 대상물의 속성을 나타내는 것이다. 이에 반해 감정은 개인의 평가에 의해 결정되는 것이며, 육체의 감각적 변화에 의해 나타나는 정신상태로 즉각적이고도 직접적으로 사물을 파악하는 기능이다.

본 연구에서는 인간의 제6감각이라고 하는 감정은 제외하고 인간의 오관에 의해 지각되는 감각형용사만을 그 연구대상으로 하는데 韓·中 양어의 현대 감각형용사를 연구의 범위로 한한다.

이와 더불어 감각의 하위분류를 어떤 방식으로 할 것인가 하는 것이 문제인데 본 연구에서는 우선 감각을 특정한 다섯 가지 감각기관으로 느낄 수 있는 것으로 규정하였다.

[감각 기관별 분류]
시각—눈으로 느끼는 감각(광선, 색채, 공간)
청각—귀로 느끼는 감각
후각—코로 느끼는 감각
미각—口內에서 느끼는 감각
청각—귀로 느끼는 감각
촉각—피부로 느끼는 감각(표면촉각, 온냉각, 통각)

위의 분류는 감각을 기준으로 하고 있는데, 본 연구에서도 감각형용사를 역시 이 오관에 의거하여 분류할 수 있을 것으로 판단한다. 그것은 감각형용사라는 것은 그 어휘가 무슨 감가이 어떠하다는 것 또는 그 감각에 의해 지각한 대상물이 어떠하다는 것을 나타내기 때문이다.

한국어 감각형용사의 구체적인 어휘의 선택에 있어서는 주로 박문섭(1986)을 참고로 하였는데 그것은 박문섭(1986)에서 『우리말 역순사전』, 『신 국어대사전』의 표제어 가운데 고유어 감각형용사만을 대상으로 하였기 때문이다. 여기서 선택된 고유어는 순수한 뜻의 고유어가 아니라, 엄밀히 말하면 한자어라도 한국어에 완전히 흡수되어 한국어화된 것 또는 한국어 요소가 많이 첨가된 경우를 고유어로 보고 있다.6) 그리고 정재윤(1989)이 연구대상으로 한 감각형용사도 참고로 하였다.

본 연구에서 중국어 감각형용사는 한국어 감각형용사를 기준으로, 그 기본의미에 대응하거나 의미가 유사한 형용사를 직접 『진명 뉴밀레니엄 韓中사전』(2002, 진명출판사), 『중한사전』(2002, 고려대학교 민족문화연구원) 등 여러 사전을 찾아 본인의 판단에 의해 가장 적합하다고 생각되는 것으로 한정하였다.

또한 본 연구에서 연구대상으로 한 '형용사'는 생성 문법론에서 다루는 '상태동사'와 의미에 있어서 차이가 있다. '상태동사'라면 단어의 의미를 중요시하며 '상태'를 표현하는 어휘를 한 '品詞'로 보고 있다. 예를 들면 정재윤(1988)에서는 시각 상태동사의 광선의미의 항에 '빛나다, 반짝이다, 뻔쩍이다, 뻔쩍거리다' 등의 단어를 '상태동사'에 포함시켰다. 그러나 본 연구에서는 단어의 문법 기능에 판단기준을 둔 종래의 품사 분류의 '형용사'에 한한다.

대조의 영역에는 음운, 형태, 통사, 의미, 화용 등의 여러 영역이 존재하나, 본 연구에서는 韓·中 양국 감각형용사의 의미분석에 국한한다. 연구 대상이 되는 언어는 공시성에 중점을 두어 현대 표준한국어와 현대 표준중국어로 한정한다. 주로 기준언어는 한국어로 정하고 그에 대응되는 중국어와의 의미 대조분석을 시행한다. 의미의 기술은 기본의미와 더불어 전이의미도 제시되는데 전이의미에서는 공감각적 전이, 비유적 추상적 전이까지 포함시킨다.

---

6) 그 예로는 '香氣롭다, 香긋하다'를 들 수 있다.

19세기 말부터 20세기에 걸쳐 현대 언어학의 주류를 이루어 온 구조ㆍ기술주의 언어학과 변형ㆍ생성주의 언어학은 언어의 구조와 의미 사이의 관계는 자의적이고 객관주의적인 특징을 가지고 있으며, 언어 사용자의 언어적 능력은 다른 인지능력과 무관한 자율적인 체계라고 하였으므로 '자율언어학'이라고 일컬어졌다.

의미에 대한 '성분분석 이론'은 언어학에서의 1차적인 혁명이라고 일컬어지는 구조ㆍ기술주의 언어학의 가장 중요한 방법인데 곧 언어를 하나의 유기체로 보는 것이다. 낱말의 의미는 단일한 개념이 아니고, 보다 원초적이고 보편적인 개념들이 복합적으로 구성된 것이라는 생각이 의미성분(semantic component) 분석이론의 기본적인 발상이다(염선모, 1984:390). 의미성분은 意味資質(semantic feature), 의미속성(semantic property)이라는 용어로도 쓰인다.

기본의미는 어떤 말이 쓰이는 상황이나 쓰는 사람에 관계없이 언제나 일정하게 내재하는 것으로 파악되는 의미이다. 하지만 이 의미는 너무 막연하기 때문에 더 명세화할 필요가 있다. 의미성분 분석은 韓ㆍ中 감각형용사 각각의 낱말들의 공통 자질과 변별 자질을 밝힐 수 있으므로 개개 낱말의 구체적인 의미에 접근할 수 있다.

한국어와 중국어에 대한 대조연구는 초기 단계라고 할 수 있다. 특히 본 연구에서 추구하고자 하는 韓ㆍ中 양 언어의 감각형용사 의미에 관한 본격적 연구가 없는 실정이다.

구체적인 의미분석을 위해 다음과 같은 절차로 본 연구를 진행하고자 한다. 2장에서는 감각형용사의 개념을 확정하고 감각형용사에 대한 기존의 분류양상을 살피면서 이를 바탕으로 분류를 재시도할 것이다.

3장에서는 사전에 설정된 기본의미 항목을 토대로 한국어 감각형

용사와 중국어 감각형용사의 기본의미를 살펴보고 그 대응 양상을 밝
힐 것이다.

　4장에서는 韓·中 감각형용사의 전이의미를 살펴보는데 구체적으
로 공감각적인 전이의미, 그리고 비유적·추상적인 전이의미에 대해
서 살펴볼 것이다.

　5장에서는 본 연구에 대한 요약으로 결론을 삼고자 한다.

감각형용사의 개념 및 분류

2.1. 감각형용사의 개념

'감각(sense)'은 눈, 귀, 코, 혀 등에 포착된 외부 또는 내부의 자극이 뇌의 중추에 도달하여 일어나는 意識현상이므로, 사물이나 상태의 속성에 대하여 신체 외부기관인 오관이 가지는 시각, 청각, 후각, 미각, 촉각 등 감각과 관계된 형용사를 감각형용사라고 할 수 있다.

이희승(1998)의 『국어대사전』(민중서관)에서는 감각에 대한 개념을 다음과 같이 기술하고 있다.

① 감촉되어 깨달음, 느낌.

② 외부 또는 내부의 자극에 의해서 일어나는 느낌.

③ 사물을 느껴서 받아들이는 힘.

④ 감각기관에서 출발하여 대뇌에 이르는 구심신경의 작용과정, 시각, 청각, 후각, 미각, 압각, 통압각 온각, 냉각, 유기감각 등의 종류가 있는데, 그중 앞의 두 개를 고등감각, 나머지를 하등감각이라 한다.

⑤ 신경계통의 외부에서 발생하여 얻어진 경험의식의 지적 방면에 있어서의 가장 간단하고 요소적인 것으로 내관에 의해서 그 이상 분석할 수 없는 경험내용, 감각자극.

감각형용사는 위에서 기술하는 감각의 상황이나 상태가 어떠한지를 나타내는 품사라고 할 수 있다. 따라서 본 연구에서도 ①과 ②의 개념을 나타내는 형용사를 주된 연구대상으로 삼고자 한다.

2.2. 감각형용사의 분류 양상

감각어의 분류에 대한 기존의 연구로 최현배(1985), 박문섭(1986), 정재윤(1989), 손용주(1992), 김창섭(1985) 등이 있다. 본 연구에서는 이런 기존의 연구들에 대해 검토한 후 감각형용사를 분류할 것이다.

기존의 한국어 감각형용사에 대한 분류 현황을 도표로 작성하면 아래와 같다.

표 1. 한국어 감각형용사 분류 현황

분류자		어　　휘
최현배 (1985)	시각적	色 – 검다, 희다, 푸르다, 누르다, 붉다 光 – 밝나, 어둡다
	미각적	달다, 쓰다, 시다, 떫다, 짜다, 맵다
	청각적	聲 – 시끄럽다, 고요하다 調 – 높다, 낮다
	후각적	지리다, 비리다, 냅다
	촉각적	누름 – 미끄럽다, 반지랍다, 깔끄럽다, 거칠다, 날카롭다, 둔하다, 무리다, 단단하다, 연하다, 굳다, 무르다, 무럽다 따뜻하기(溫覺) – 차다, 덥다, 뜨겁다, 춥다, 시원하다, 따뜻하다, 신선하다, 미지근하다 아픔(痛覺) – 아프다, 따갑다, 쓰리다 기타 – 가렵다, 간지럽다

분류자		어 휘
최현배 (1985)	평형감각	어지럽다
	유기감각	답답하다, 아니꼽다, 뻐근하다, 마렵다, 고프다, 부르다
	시간공간 감각	시간 - 빠르다, 더디다, 지루하다, 급하다, 늦다, 이르다, 늦다 공간 - 뜨기(거리) - 멀다, 가깝다 물형(物形) - 크다, 작다, 길다, 좁다, 둥글다, 모나다, 바르다, 삐뚤다 비뚜름하다, 곧다, 굽다 상하(上下) - 높다, 낮다, 깊다, 얕다, 돌다, 뽀족하다
박문섭 (1986)	시각	누르다, 검다, 붉다, 푸르다, 희다, 밝다, 흐리다
	미각	짜다, 쓰다, 시다, 달다, 떫다, 맵다, 싱겁다
	온각	차다, 춥다, 차갑다, 덥다, 따뜻하다
	촉각	거칠다, 미끄럽다, 무르다, 질다, 푹신하다, 딱딱하다, 단단하다
	청각	시끄럽다, 조용하다, 우렁차다, 떠들썩하다
	후각	비리다, 구리다, 노리다, 지리다, 매캐하다, 구수하다, 고소하다
	통각	아리다, 쓰리다, 따갑다, 아프다
	기관감각	어리둥절하다, 아찔하다, 어지럽다, 띵하다, 마렵다, 가렵다, 고프다, 간지럽다
	근육감각	저리다, 나른하다, 뻐근하다, 고단하다
정재윤 (1989)	시각	광선의미 - 밝다, 어둡다 색상의미 - 푸르다, 검다, 붉다, 누르다, 희다 공간의미 - 길다, 짧다, 멀다, 가깝다, 깊다, 얕다, 넓다, 좁다, 크다, 작다, 굵다, 가늘다, 높다, 낮다
	청각	시끄럽다, 소란하다, 요란하다, 조용하다, 고요하다
	미각	달다, 쓰다, 시다, 짜다, 떫다, 맵다
	후각	향기롭다, 향긋하다, 지리다, 구리다, 노리다, 구수하다, 고소하다
	촉각	거칠다, 부드럽다, 미끄럽다, 단단하다, 무르다, 두껍다, 얇다
	통각	아프다, 쑤시다, 따갑다, 저리다
	온각	따뜻하다, 덥다, 뜨겁다
	냉각	차다, 시리다, 춥다, 시원하다, 서늘하다
	유기감각	답답하다, 고프다, 부르다, 마렵다
손용주 (1992)	외부 감각	시각	광선 - 밝다, 어둡다 색상 - 희다, 검다, 붉다, 누르다, 푸르다 공간 - 길다/짧다, 멀다/가깝다, 크다/작다, 높다/낮다, 깊다/얕다, 넓다/좁다
		청각	소리 - 시끄럽다, 고요하다 가락 - 높다/낮다
		후각	향기롭다, 지리다, 구리다, 노리다, 구수하다, 비리다, 맵다
		미각	달다, 쓰다, 시다, 떫다, 맵다

분류자			어 휘
손용주 (1992)	외부 감각	외피감각	촉각 – 거칠다, 단단하다, 두껍다, 얇다, 부드럽다, 무르다, 연하다 통각 – 아프다, 쑤시다, 쓰리다, 따갑다 온도각 – 온각: 뜨겁다, 따뜻하다, 덥다 냉각 – 차다, 시리다, 춥다 중간감각 – 시원하다, 서늘하다, 미지근하다
	내부 감각	유기감각	답답하다, 고프다, 부르다, 마렵다
		평형감각	어지럽다

이상의 내용을 살펴볼 때 최현배(1985:483 – 484)의 분류에 대한 문제점은 '높다'와 '낮다'가 청각의 하위 유형인 가락으로도 분류되어 있고 시간 공간 감각의 하위 유형인 상하로도 분류되어 있는 것이다. 최현배에서는 이렇게 분류한 데 대한 설명이 없는데 이것은 '멀다', '짧다', '크다', '작다' 등도 청각으로 분류될 수 있는 문제점이 생긴다.

박문섭(1986:129)은 생리학에서 분류된 감각 유형을 바탕으로 형용사를 분류하였는데 박문섭(1986)은 최현배(1985)에서의 누름(압각)을 촉각으로 보고 감각형용사를 분류하고 있다. 또한 공간 시간 감각을 감각의 유형으로 인정하지 않고 감각의 유형에서 제외시키고 있다.[7)]

위에 제시된 정재윤(1989:21 – 61)의 분류는 시간감각을 감각의 유형으로 다루지 않고 공간감각을 시각 속에 포함시켜 형용사를 분류하고 있으며 '높다'와 '낮다'를 공간 의미로만 분류하고 있다. 그리고 정재윤(1989)은 온도감각을 온각과 냉각으로 세분하였다.

손용주(1992:149 – 150)는 앞에서 제시된 기존의 분류를 종합하여 감각 형용사를 분류하였는데 최현배(1985)에서와 같이 '높다'와 '낮다'를 공간과 청각에 모두 포함시켰다. 그리고 공간감각을 시각 속에

---

7) 여기에 박문섭(1986:128)은 최현배의 분류방식은 대체로 이해가 가나 '시간 공간 감각'은 '감각'이라는 표현보다 오히려 '개념'이라는 말이 옳을 듯싶다고 하였다.

포함시킨 것과 '두껍다'와 '얇다'를 촉각으로 분류한 것은 정재윤(1989)의 분류와 같다. 그러나 온각, 냉각 외에 중간 감각을 설정한 것은 정재윤(1989)과 다른 점이다. 또한 손용주(1992)는 '맵다'를 미각과 후각에 다 포함시켰다.

김창섭(1985:150)은 감각 형용사 전체를 분류하지 않고 시각 형용사만을 대상으로 다음과 같이 분류하였다.

> 시각: 빛 — 검다, 푸르다, 밝다, 어둡다, 맑다, 흐리다, 공간 — 길다, 짧다, 굵다, 가늘다, 넓다, 좁다, 두껍다, 얇다, 크다, 작다, 멀다, 가깝다, 높다, 낮다, 깊다, 얕다

김창섭(1985)은 최현배(1985)와 달리 공간감각을 시각의 하위 유형으로 보고 있으며, 정재윤(1989)이 촉각으로 분류한 '두껍다'와 '얇다'를 시각의 하위인 공간 감각으로 분류하고 있다.

정인수(1994)는 지금까지 논의된 기존 연구를 바탕으로, 형용사 분류의 문제점으로 크게 3가지를 들고 있다. 첫째는 최현배(1985)에서 감각 유형으로 분류된 공간 시간 감각의 처리문제, 둘째는 외피감각의 하위 유형 설정문제, 그리고 셋째는 감각 형용사들이 어떤 감각의 유형으로 분류되어야 하는가에 대한 문제이다. 첫 번째 문제인 공간감각과 시간감각에 대해서는 공간감각과 시간감각을 모두 감각의 유형으로 보는 견해, 공간감각만을 감각의 유형으로 보는 견해, 공간감각과 시간감각을 모두 감각의 유형으로 보지 않는 견해가 있었다. 그리고 공간감각을 감각의 유형으로 보는 견해도 최현배(1985)처럼 공간감각으로 보는 견해와 시각으로 보는 두 가지 입장이 있다.

민현식(1992:228)은 시간감각과 공간감각을 감각의 유형에서 제외해야 된다고 하였는데 그 이유는 시·공간어가 주로 시각 판단의 소박한 인식에 근거하나 모든 사물에 대한 인간 판단의 1차통로가 눈이라는 점을 감안하면 거의 다 시각어가 되는 문제점이 있고 '크다, 작다, 길다, 짧다……'는 시각만으로 되는 것이 아니고 촉각을 통해서도 파악되기 때문에 이들을 시각어로 본다면 같은 시각을 거쳐 판단되는 가치평가의 성격이 강한 '아름답다, 훌륭하다, 화려하다, 예쁘다' 등도 시각형용사로 보아야 하는 문제점이 있으므로 재고를 요한다고 하였다. 그러나 '아름답다, 훌륭하다, 화려하다, 예쁘다'와 '크다, 길다, 작다, 짧다'는 그 성격이 다르다고 할 수 있다. 왜냐하면 전자는 후자에 비해서 감각에 의한 객관적인 지각 내용 외에 주관적인 평가의 의미가 들어 있기 때문이다.

최현배(1985)에서 설정된 시간감각은 감각의 유형에서 제외하고 공간 감각만을 감각의 유형으로 보고 시각의 유형으로 분류해야 한다는 견해는 김창섭(1985)에서 그 이유를 볼 수 있는데 모양, 크기, 속도는 시각 이외의 감각기관에 의해서도 지각될 수 있으나 시각에 의해 지각되는 것이 일반적이다. 속도는 위치와 시간에 의해 결정되며 또한 속도를 지각하는 데는 반드시 시간이 소요되므로 속도는 시간이라는 차원으로 인해 빛, 모양, 크기, 위치, 속도 가운데 가장 이질적이므로 속도를 시각에서 제외한다고 하였다. 그리고 김창섭(1985)은 '크다, 작다, 높다, 낮다' 등은 시각 이외의 감각에 의해서도 지각될 수 있는 내용의 표현이기도 하나 일반적으로 시각적 지각 내용의 표현이기 때문에 시각형용사로 보았다.

이상의 논의를 바탕으로 본 연구에서는 감각을 시각, 후각, 미각 청각, 촉각 등 다섯 가지 감각으로 분류한다. 공간감각을 인정하되 이것을 시각 가운데에 포함시키고자 한다. 그것은 공간감각이 시각, 촉각과 다 관련이 있다고 하지만 일차적으로 시각과 더 관련성이 크다고 생각되기 때문이다. 그 다음으로는 촉각의 설정 문제인데 본 연구에서는 촉각의 하위유형으로 표면촉각, 온도각, 통각을 설정하려고 한다. 그것은 이런 감각들이 직접적, 간접적으로 다 피부를 통해서 느껴지는 감각이라고 생각되기 때문이다. 본 연구에서 유기감각에 대한 논의는 제외하기로 하겠다.

정재윤(1989)은 중심의미(기본의미)와 파생의미(주변의미)를 구분하여 기본의미를 중심으로 감각형용사의 분류를 시도하였다. 그런데 한 형용사에서 그 중심의미와 파생의미를 어떻게 구분할 수 있는가는 쉽지 않은 문제이다. 여기에 대해서는 두 가지 견해가 있는데 하나는 사전에서의 첫 번째 의미를 중심의미로 설정할 수 있다는 견해이고, 다른 하나는 문장의 호응도에 따라 중심의미와 파생의미를 설정할 수 있다는 견해이다.

신현숙(1986)과 송철의(1988)는 사전의 첫 번째 의미를 중심의미로 설정할 수 있다고 보는데, 신현숙(1986:158－159)은 모어 화자가 <형식－의미>와 같이 밀착된 의미로 생각하는 의미를 중심의미라 생각할 수 있는데, 일반적으로 사전에 제시된 첫 번째 의미가 중심의미이므로, 사전의 첫 번째 의미를 중심의미로 설정하고 나머지 의미를 주변의미로 설정할 수 있다고 하였다. 그리고 송철의(1988)는 국어사전들에는 한 어휘 항목이 여러 의미를 갖고 있을 때, 그 여러 의미를 어떤 순서로 배열했느냐에 대한 명확한 기준은 제시되어 있지 않으나, 적어도 각 어휘 항목에 대해 첫 번째 등록된 의미가 그 어휘 항목의 가장 '기본적 의미' 혹은 '본질적 의미'라는 사실만은 인정해도 좋을 듯하다고 하였다.

정재윤(1989)에서는 한 형용사에 대하여 감각기관 성분, 감각속성 성분, 동작 표시 부사구 등을 첨가하거나 대치하였을 때 나타나는 문장의 호응도에 따라 기본의미와 파생의미를 설정하고 있다.[8] 그러나 이 기준에 따라 감각 형용사들이 완전하게 분류되지 않음을 정인수(1994:75)는 다음의 예들로 확인하고 있다.

> a. 이 음식은 냄새가(냄새를 맡으니) 구수하다/비리다.
> b. 이 음식은 맛이(맛을 보니) 구수하다/비리다.
> c. 이 옷감은 촉감이 두껍다(얇다).
> d. 이 옷감은 만져 보니(눈으로 보니) 두껍다/얇다.

위의 예들에서 볼 때 '구수하다'와 '비리다'는 '후각'과 '미각'으로, '두껍다'와 '얇다'는 '촉각'과 '시각'으로 각각 동시에 분류되어야 한다. 그러나 정재윤(1989)에서는 '구수하다'와 '비리다'를 후각으로 분류하고 있고, '두껍다'와 '얇다'를 촉각으로 분류하였다. 이것은 문장의 호응도에 따라 형용사를 분류하는 정재윤(1989)에서의 기준도 형용사를 분류하는 데 분명한 하나의 기준이 될 수 없음을 보여준다고 정인수(1994)에서는 설명하였다.

이상의 논의들에서 볼 때 기본(중심)의미와 파생의미를 설정하는 기준은 어느 것이나 만족스러운 것이 아님을 알 수 있었다. 하지만 본

---

8) 정재윤(1989:21)은 상태성 감각동사에 기본의미와 파생의미를 결정하기 위하여 다음과 같은 내면적 틀을 설정하였다.
   NP1[E] NP2[O] V[＋St, ＋Se]
   NP[O] V[＋St, Se]
   (E: 경험주, O: 대상, V: 동사, St: 상태성, Se: 감각)

연구에서는 신현숙(1986)과 송철의(1988)의 논의를 받아들여 사전의
첫 번째 의미를 기본의미(중심의미)로 간주하고 감각형용사를 분류하
도록 하겠다.

본 연구에서는 감각이 인간의 오관에 근거하여 부류할 수 있는 것
으로 판단하고 분류를 시도하였다. 본 연구에서 언급할 감각의 유형
과 거기에 따른 구체적인 韓中 형용사를 제시하면 다음과 같다.

표 2. 본 연구의 韓 · 中 감각형용사 분류

감각유형	한국어	중국어
시각	광선 – 밝다, 환하다, 어둡다, 캄캄하다 색채 – 붉다, 희다, 검다, 누르다, 푸르다 공간 – 길다/짧다, 높다/낮다, 깊다/얕다, 멀다/가깝다, 곧다/굽다, 넓다/좁다, 두껍 다/얇다, 굵다(잘다)/가늘다, 크다/작다, 둥글다/모나다	광선 – 亮, 明亮, 暗, 幽暗 색채 – 红, 白, 黑, 黄, 蓝, 绿 공간 – 长/短, 高/低, 深/浅, 远/近, 直/弯, 宽/窄, 粗/细, 厚/薄, 大/小, 圆/方
후각	향긋하다, 지리다, 비리다, 노리다, 구리 다, 구수하다, 고소하다	香, 臊, 腥, 膻, 臭
미각	맵다, 짜다, 시다, 달다, 떫다, 쓰다, 싱겁다	辣, 咸, 酸, 甜, 涩, 苦, 淡
청각	시끄럽다, 요란하다, 떠들썩하다, 조용하 다, 잠잠하다, 고요하다	嘈杂, 喧哗, 吵闹, 安静, 清静, 消停
촉각	표면촉각 – 거칠다, 부드럽다, 굳다, 무르 다, 미끄럽다 온도각 – 냉감: 춥다, 차갑다, 쌀쌀하다, 시리다, 서늘하다, 시원하다 온감: 덥다, 따뜻하다, 뜨겁다, 훈훈하다, 후덥지근하다 통각 – 따갑다, 가렵다, 화끈하다, 쓰리다, 시큰하다.	표면촉각 – 粗(粗糙), 细腻(柔软, 柔 和), 滑(光滑), 软 온도각 – 냉감: 冷, 凉, 凉飕飕, 凉 快, 凉爽 온감: 热, 暖和, 烫(热), 暖烘烘, 闷热 통각 – 痒, 火辣辣, 酸痛

韓·中 감각형용사의 기본의미

基本意味는 中心意味라고도 할 수 있는데 문맥에 물들여지거나 연상되는 의미가 아니라 어느 문맥이나 상황에서도 찾을 수 있는 객관적인 의미이다. 즉 문맥이 제시되지 않고 단어가 고립(isolation)에 있을 때 화자에게 일차적으로 떠오르는 의미가 기본의미이다(Zgusta, 1971:64). 우리는 단어에 일정한 기본적 의미－중심적 용법이 존재한다는 것을 전제로 해야 비유 등의 용법이 가능하다는 입장을 취할 수 있다.9)

어휘대응이라는 용어는 한 개별 언어와 다른 하나의 개별 언어에 관한 대조 연구의 분야에서 사용되는 술어이다. 그러면 한국어 대 중국어의 대응이란 하나의 한국어 단어에 대하여 의미가 비슷한, 하나 혹은 여러 개의 중국어 단어들이 대응을 이루는 현상이라고 할 수 있다. 한 언어와 다른 한 언어의 어휘를 대조하여 나아가다 보면, 한 언

---

9) a. 개가 짖는다. b. 철수야, 그만 짖어라.
　위의 예문 a에서 '짖다'는 '개'에 대해서만 쓰인다는 선택 제약적 특성이 고정되어 있다. 그러므로 b와 같은 비유적 효과가 가능한 것이다.

어의 단어 하나가 점유하고 있는 의미영역(semantic range)이 다른 한 언어에서도 한 개의 단어에 의하여 동일하게 점유되어 있는 一對一 對應(one‐to‐one correspondence)의 경우가 있는 반면, 한 언어에서는 한 개의 단어에 의하여 점유되어 있는 의미 영역이 다른 언어에서는 두 개 이상의 단어에 의하여 점유되는 一對多 對應(one‐to‐many correspondence)의 경우도 있고, 반대로 多對一 對應(many‐to‐one correspondence)의 경우가 있기도 하다.10)

이들 중 특히 한 언어와 다른 언어 사이에서 단어들이 一對一 對應(one‐to‐one correspondence)을 이루는 경우가 많다는 사실은 의미 이론에서 의미의 최소단위가 존재하는지의 문제와 관련하여 이른바 基本意味說을 주장하는 중요한 근거가 되었다. 多對一 對應(many‐to‐one correspondence)이나 一對多 對應(one‐to‐many correspondence)과 같은 현상들은 단어의 다의성 혹은 모호성(vagueness)의 문제와 관련이 있으므로 이러한 현상이 用法說의 근거가 되어 왔다(김해수, 1981:27‐29). 이처럼 언어 대 언어의 비교연구나 대조연구의 과정에서 드러나는 어휘 간의 대응현상은 단어의 의미가 과연 무엇이냐 하는 극히 원천적인 의문에 대한 해답을 이끌어 내기 위한 경우뿐만 아니라, 다른 한편으로는 어떤 한 개별 언어의 특질을 구체적으로 거론하기 위한 경우에 흥미 있는 실증적 자료로서 빈번히 사용되어 왔던 것이다. 개념은

---

10) 한국어와 중국어 사이에서 이러한 대응을 보이는 예로 다음과 같은 것들을 들 수 있다.
    a. 一對一 對應(one‐to‐one correspondence)
   봄: 春天 여름: 夏天 가을: 秋天 겨울: 冬天
    b. 多對一 對應(many‐to‐one correspondence)
   형, 오빠: 哥哥
    c. 一對多 對應(one‐to‐many correspondence)
   푸르다: 藍, 綠

있으나 단어가 존재하지 않음으로 말미암아 어휘적 빈칸(lexical gap)이 나타나는 일도 언어 간의 비교 혹은 대조 연구에서 자못 흥미 있는 현상이 되는 것이다.

이러한 외국어 간의 어휘 대응현상에 관하여 상당히 많은 지면을 할애하여 논의한 이는 Ullmann(1962)이다. 어떤 언어에서는 그 개념을 표현하는 단어가 존재하는 반면, 어떤 언어에서는 존재하지 않는데 그러한 차이는 전적으로 그 언어의 역사와 그 언어를 사용하는 사회의 문화에 달려 있는 것이다.

여기서는 韓·中 감각형용사의 기본의미를 살펴보고 그 대응 양상까지 파악해 보고자 한다.

3.1. 韓·中 시각형용사의 기본의미 대응 양상

자연계에서 시각으로 지각되는 것은 공간 속에 존재하는 대상의 빛, 모양, 크기, 위치, 속도이다. 이 가운데 속도는 위치와 시간에 의해 결정되며 또한 속도를 지각하는 데는 반드시 시간이 소요된다. 그러므로 속도는 이 가운데서 가장 이질적이라 할 수 있다. 본 연구에서는 속도를 제외한 빛, 모양, 크기, 위치만을 진정한 시각적 지각의 내용이라고 본다. 따라서 이러한 시각적 지각의 내용을 표현하는 형용사들을 시각형용사라 규정하고 그것들을 고찰의 대상으로 한다.

따라서 시각형용사를 광선의미, 색채의미, 공간의미 등에 따라 각기 그 기본의미를 고찰하려 한다.

3.1.1. 광선 의미

광선의미를 가진 시각형용사는 광선의 강약 또는 유무에 따라 한국어에서는 '밝다/환하다'와 '어둡다/캄캄하다'가 설정될 수 있는데, 이에 대응하는 중국어 형용사로 '亮, 明亮, 亮堂'과 '暗, 幽暗' 등을 들 수 있다.

:: 밝다/환하다, 亮/明亮/亮堂

> (1) a. 달(전등)이 아주 {밝다, 환하다}./月亮(电灯)很{亮, 明亮, *亮堂}.
>   b. 방이 아주 {*밝다, 환하다}./这屋子很{亮, 明亮, 亮堂}.

(1a)에서 볼 수 있듯이 '밝다'와 '환하다'는 '달'과 '전등'과 같은 어떤 대상이 강한 빛을 내어 어둡지 않은 것을 뜻한다. '어둡지 않다'는 뜻에서 유쾌하고 좋은 것을 뜻하기도 한다. (1b)에서 '환하다'는 어떤 공간에 광선이 충족한 것을 뜻하며 공간적으로 넓고 시원한 것을 의미하기도 한다. 그러나 '밝다'는 이런 의미는 나타내지 못한다.

(1)에서 볼 수 있듯이 중국어 '亮, 明亮'은 '밝다, 환하다'와 같이 어떤 대상이 강한 빛을 내어 어둡지 않으며 또 어떤 공간에 광선이 충족하다는 의미를 나타낸다. 그래서 유쾌하고 좋다는 의미도 포함하지만 공간적으로 넓고 시원하다는 것을 의미하지는 않는다. '亮堂'은 공간이라는 대상이 광선이 충족하다는 의미와 넓고 탁 트였다는 의미를 동시에 나타낸다.

:: 어둡다/캄캄하다, 暗/幽暗

> (2) a. 사방이 {어둡다, 캄캄하다}/四周{暗, *幽暗}
>   b. 전등이 {어둡다, *캄캄하다}/电灯{暗, *幽暗}
>   c. {어두운, *캄캄한} 모퉁이/{*暗, 幽暗}的角落

예문(2)에서 볼 수 있듯이 '어둡다'는 빛이 약하거나 없어 사물을 보기 어려운 것을 기본의미로 한다. 단순히 빛이 적음을 뜻한다기보다는 그러한 상태로 지각되는 측면에 의미의 초점을 둔다. 뿐만 아니라 상황에 따라서는 빛이 약하므로 지각하는 주체로 하여금 '무시무시하다'는 느낌도 받게 한다. '캄캄하다'는 지각의 측면보다는 공간 자체의 밝기에 초점을 두며 빛이 조금도 없는 상태를 뜻한다.

'暗'과 '幽暗'은 '어둡다'와 의미가 거의 같은데 '幽暗'은 그 지칭대상이 산골짜기와 모퉁이에만 한하므로 지칭대상의 제한을 많이 받는다.

이상의 내용을 도표로 표시하면 다음과 같다.

표 3. 韓 · 中 광선의미 시각형용사의 의미

지칭 어휘	대상물	공간	공간의 크기
밝다	+	+	+
환하다	−	+	−
亮/明亮	−	+	−
亮堂	−	+	+
어둡다	+	+	−
캄캄하다	−	+	−
暗	+	+	−
幽暗	+(동굴)	−	−

3.1.2. 색채 의미

색채의미도 시각형용사의 한 부분에 속하는데 B. Berlin & P. Kay(1969)[11]는 다음 기준에 의해 기본 색채어를 정할 수 있다고 하였다.

① 단일 어휘항목으로 그 전체의 뜻을 부분적인 뜻에서 추측할 수
   없는 언어적 특징이 있어야 한다. 예를 들어 '검푸르다, 검붉다,
   오렌지색, 벽돌색' 등은 그런 언어적 특징이 없으므로 제외된다.

② 다른 색채에 포함되지 않아야 한다. 예를 들어 '푸르스름하다,
   푸르께하다'는 '푸르다'에 포함되므로 제외된다.

③ 모든 대상에 적용되어 쓰여야 한다. 예를 들어 '가무잡잡하다,
   누르뎅뎅하다, 푸르뎅뎅하다'는 신체에 제한되어 쓰이므로 제
   외된다.

④ 모든 사람이 알고 있어야 한다. 예를 들어, '그 연예인이 입은 치
   마의 색'이라고 한다면 이것은 모든 사람에게 통용되지 못하기
   때문에 제외된다.

색채의미는 색채의 공간 속에서 모든 부분이 사람의 의식 속에 인
지되는 것이 아니다. 색채의미를 가진 기본 시각형용사는 [+색]에 따
라 '검다, 희다, 붉다, 푸르다, 누르다'로 분류하고 있다.12) 음양오행
사상을 중시한 한국에서는 '靑, 黃, 赤, 白, 黑' 5색을 기본 색으로 삼
았다. 그리하여 세상 사물의 색채를 이 다섯 색으로 정한다 하여 '靑
黃赤白黑'을 定物之色'이라 히였다. 전통적으로 동양의 기본적인 색
채의 구분은 '靑, 黃, 赤, 白, 黑' 오색이다. 이 다섯이라는 숫자도 중
국의 음양오행설에 근거를 둔 수라고 생각할 수 있다.13)

---

11) Berlin과 Kay(1969:3)는 이러한 의미 기준에 따라 영어의 기본 색채어를 'white, black,
    red, green, yellow, blue, brown, purple, pink, orange, grey' 등 11개로 설정하고 있다.
12) 정재윤(1989)의 분류를 따랐음.
13) 천지간의 구성소는 '木, 火, 金, 水, 土'의 오행이고 그것을 상징하는 색은 '청, 적, 백, 흑,
    황'이라 하였다.

『국어대사전』(이희승, 1998, 민중서관)에서 제시한 이상의 5가지 색에 대한 바탕물체 및 그 대응되는 중국어(『중한사전』, 2002, 고려대민족문화연구원)는 다음과 같다.

표 4. 바탕 물체에 따른 韓·中 색채형용사

한국어	바탕물체	중국어
검다	숯, 먹	黑
희다	눈, 우유	白
붉다	신선한 피	紅
푸르다	맑은 하늘	藍
	싱싱한 풀	绿
누르다	익은 벼, 마른 나뭇잎	黃

이 다섯 가지 색을 한국어 고유어 형용사로 표시하면 '까맣다, 하얗다, 빨갛다, 파랗다(Green), 노랗다'이다. 위의 도표에서 알 수 있듯이 '검다'와 '黑', '희다'와 '白', '붉다'와 '紅', '누르다'와 '黃'은 일대일로 대응되고 있다. 그런데 여기에서 주목할 점은 한국어의 '푸르다'에 대응하는 중국어의 형용사는 '藍'과 '綠' 두 개가 있다. '푸른 하늘'의 '푸르다'는 '藍'에 해당하고 '푸른 잔디'의 '푸르다'는 '綠'에 해당한다. 물론 '藍'은 '파랑색'으로, '綠'은 '초록색'으로 한국어에서도 구별할 수 있지만 '藍'과 '綠'은 형용사인 데 비해 초록은 명사이며 또한 초록이 한자어에서 차용된 것이기 때문에 엄격히 말하면 고유 한국어 색채형용사는 중국어의 '綠', '藍'이 나타내는 세부적인 의미를 각각 나타내지 못하고 '푸르다'가 이 두 의미를 포괄적으로 나타낸다. 그러므로 '푸르다'와 '藍'과 '綠'은 일대다 대응이다.

3.1.3. 공간 의미

공간 속에 자리를 차지하고 있는 시각적 대상은 모양과 크기와 위치를 가지는데 이를 표현하는 형용사들을 공간의미의 형용사라고 부른다.[14) 먼저 '차원(dimension)'(『학교수학용어사전』, 1981:215)은 원래 수학의 기하학에서 사용하는 개념으로 도형이나 물체 및 공간이 펼쳐져 있는 자유도를 나타내는 수이다. 직선은 1차원, 평면은 2차원, 통상의 공간은 3차원이다. 이것을 도형으로 표시하면 다음과 같다.

〈그림 1〉 차원 공간

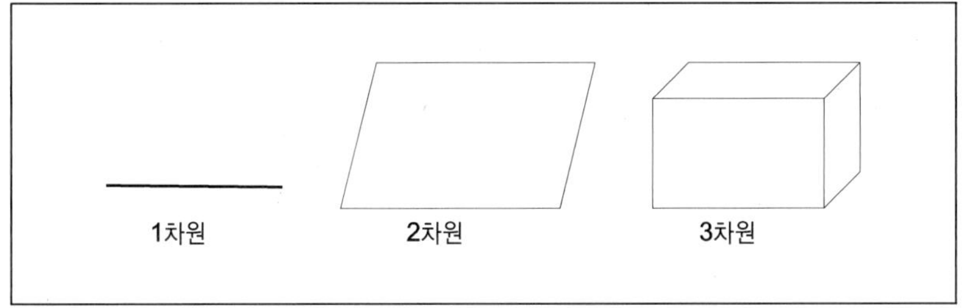

<그림 1>에서 알 수 있듯이 '차원 공간'은 하나의 기점과 하나 이상의 확장되는 방향을 가지고 구성된다. 1차원은 하나의 기점과 하나의 방향, 2차원은 하나의 기점과 두 개의 방향, 3차원은 하나의 기점과 3개의 퍼지는 방향을 가지고 공간을 구성한다.

1차원인 '선'에 대해서는 또 '長短', '高低', '深淺', '遠近', '直曲線'

---

14) '공간의미 형용사'를 양태식(1985:7)에서는 '차원 낱말'이라 부르고 있고, 임지룡(1984:119)에서는 '공간 감각어'라 부르며, 노대규(1988:177)에서는 '공간 표시어'라고 지칭하고 있다. 임지룡(1984:122)은 고유어로 된 공간 개념 형용사가 우리 겨레의 삶과 밀착되어 있었으며 단단한 체계를 지니고 있을 것으로 생각된다고 하였다.

의미 등으로 세분화할 수 있고, 2차원인 '평면'에 대해서는 '廣狹', '厚薄' 등의 의미로 세분화할 수 있으며 3차원인 '체적'에 대해서는 '大小', '粗細', '圓角' 등의 의미로 세분화할 수 있다.

3.1.3.1. 1차원 공간

:: 길다/짧다, 長/短

> (3) a. 꼬리(다리)가 길다(짧다)./尾巴(腿)長(短).
>   b. 복도가 길다(짧다)./楼道長(短).
>   c. 사람들이 선 줄이 길다(짧다)./人们排得队长(短).

'길다/짧다'와 '長/短'은 (3a)에서는 공간 속에서 길이를 가지는 어떤 대상의 한쪽 끝점에서 다른 한쪽 끝점까지의 직선거리가 '큼/작음'을 나타낸다. (3a)는 대상물이 끊어짐이 없이 이어지지만 예문 (3b)는 공간 자체에 대하여 사용할 수도 있음을 보여준다. 또 (3c)는 개별적 개체들이 이어져 늘어서 있음을 의미한다. 점이 모여 선이 이루어지듯이 연속하지 않은 개체들의 연장선을 이루는 공간적 대상물도 하나의 개체 선으로 파악하여 '길다/짧다', '長/短'을 사용할 수 있다.

> (4) a. 눈썹이 길다./眉毛長
>   b. 팔이 짧다./胳膊短

(4)에서 팔이 아무리 짧아도 눈썹보다는 길고 눈썹이 아무리 길어도 팔보다 길 수는 없다. 이것은 '길다/짧다', '長/短'이 절대적인 길이를 갖는 것이 아니라 화자가 정한 상대적인 기준과 비교하여 판단된

다는 것을 알 수 있다.15) 비교의 대상 없이 말할 때에는 화자와 청자 사이에 어떤 내재적인 기준이 있어 화자와 청자가 수용 가능한 영역을 공유하게 된다.

(3a)에서 '다리'나 '꼬리' 등은 수직방향으로 세울 수도 있고 수평으로 눕힐 수도 있는데 그 측정된 길이는 어느 경우라도 달라지지 않는다. 이것은 '길다'와 '짧다'가 어느 고정된 한 방향의 선적인 길이를 문제 삼지 않는다는 것이다.16) 그러므로 '길다/짧다', '長/短'은 [－방향성]의 의미 속성을 가진다.

'길다/짧다', '長/短'은 '다리', '복도' 등 대상물이나 공간의 한쪽 끝에서 다른 한쪽 끝까지의 길이를 나타내므로 이어지지 않은 두 대상물을 문제 삼지 않는다. 그러므로 '길다/짧다', '長/短'은 [＋연속성]의 의미 속성을 가진다.

이로부터 '길다/짧다'와 '長/短'의 기본의미는 '공간이나 공간 속 대상물 혹은 개체들의 연장선의 크기가 화자의 기준보다 크다/작다'로 설정할 수 있는데 크거나 작다는 의미는 화자가 정한 기준과 비교해서 판단되기에 상대적인 것이다.

:: 높다/낮다, 高/低(矮)

(5) a. 이 산이 저 산보다 높다(낮다)./这山比那山高(矮)

---

15) '길다'라고 할 때는 비교대상이 발화되지 않더라도 무엇보다 길다는 기준이 전제되어 있다고 할 수 있다. 이 기준을 양태식(1985)에서는 표준 값이라고 했는데 표준 값도 사회, 문화, 계층에 따라 다를 수 있으며 같은 화자라도 발화상황에 따라 달라질 수 있으니, 노대규(1988)의 '화자가 생각하고 있는 어떤 기준치'가 더 적합하다고 생각된다. 이것을 간결하게 '화자의 기준'이라고 할 수 있다.

16) 양태식(1985:26)은 '길다'와 '짧다'라고 하는 '길이'는 한 점을 중심으로 동서남북, 상하, 좌우 등 어느 방향이건 한 방향으로 일정한 크기를 가지고 뻗어 나간 것이라고 하였다.

b. 담장이 높다(낮다)./围墙高(低)

(5a)는 산의 아래 부분, 지표면에서 산꼭대기까지의 공간적 퍼짐의 크기가 화자의 기준보다 크다(작다)는 것이다. 그러나 중국어 번역문에서 '低'를 사용하지 않고 '矮'를 사용하는 이유는 '矮'가 지표면에 있는 대상물의 공간적 퍼짐의 크기가 화자의 기준보다 작다는 의미를 갖고 있는 동시에 높은 것과 비교해서 공간적으로 차이가 있는 상황에는 '矮'를 쓰는 것이 더 적합하기 때문이다. (5b)도 지표면에 있는 대상물의 가장 아래쪽에서 위쪽까지의 공간적 퍼짐의 크기가 화자의 기준보다 크거나 작다는 것이다.

(6) 천장(하늘)이 높다(낮다)./天顶(天)高(低)

(6)은 바닥으로부터 떨어진 대상물과의 공간적 거리가 화자의 기준보다 크다는 것이다.

위의 예들에서 알 수 있듯이 '높다/낮다', '高/低(矮)'가 문제 삼는 선적인 높이는 항상 지표면과 수직되는 위쪽 방향과 관계가 있다. 건물 꼭대기에서 아래를 내려다보며 '꽤 높다'라고 표현하는 것처럼 '높다/낮다', '高/低(矮)'는 화자가 지각하는 대상의 위쪽에 위치해 있어도 기준 시작점은 지각 대상의 가장 아래쪽이 되므로 상향 수직적 [＋방향성]을 가진다.

(5)에서 '높다/낮다'와 '高/低'는 '산'과 '담장'의 한쪽 끝에서 다른 한 끝 지점까지의 수직적 길이를 나타내므로 이어지지 않은 두 대상물을 문제 삼지 않는다. 그러나 (6)에서 '높다/낮다'와 '高/低'가 지칭

하는 것은 지면에서 떨어져 있는 '하늘', '천장'까지의 거리이다. 이것은 '높다/낮다'와 '高/低'가 이어지지 않은 두 대상물을 문제 삼는다는 것을 설명한다. 그러므로 '높다/낮다'와 '高/低'는 [+연속성]의 의미 속성을 가진다고 할 수 있다.17)

'높다/낮다'와 '高/低(矮)'도 '선'과 관련된 것인데 사물의 아래에서 위까지의 길이 혹은 지면으로부터 떨어진 대상물의 공간적 거리가 화자의 기준이나 보통의 정도보다 크다/작다는 것을 기본적 의미로 하는 형용사이다. 자연계의 중력작용에 의해 정의되는 수직 상향적 방향의 크기에 관심의 초점을 둔다.

:: 깊다/얕다, 深/浅

(7) 호수(강)가 깊다(얕다)./湖水(河水)深(浅)

(7)에서 볼 수 있듯이 '깊다/얕다', '深/淺'은 어떤 대상의 위에서 밑바닥까지의 거리가 크다/작다는 것을 의미한다. 선형으로 펼쳐진 두 지점 사이의 거리를 나타낸다는 점에서는 '높다/낮다' '멀다/가깝다'와 같지만 하향 수직적 방향성을 가진다는 점에서 다르다.

(8) a. 깊은 산/深山
    b. 깊은 동굴/深邃的洞

(8a, b)는 외부에서 내부에 이르는 거리가 화자의 기준보다 먼 상태를 의미한다.

---

17) 정인수(1994)에서는 '높다/낮다'와 '高/低'가 [+연속성]의 의미자질만 갖는다고 했다.

　(7)과 (8)에서 볼 수 있듯이 ‘깊다/얕다’ ‘深/淺’은 무엇인가 물체의 내부와 관계가 있는 것으로 보인다. (7)에서는 수면에서 내부까지의 선적인 깊이를 나타내고 (8)은 겉에서 속으로 향하는 방향만을 나타내므로 [+내향성]의 속성을 가진다고 할 수 있다. 여기서 내향성이라는 것은 고정된 하나의 방향만을 나타내는 속성이므로 ‘깊다/얕다’, ‘深/淺’은 [+방향성]의 속성을 가진다고 할 수 있다. 그런데 중국어 ‘深邃’란 단어는 ‘동굴’에만 쓰이므로 선택 제한적 특성을 가진다.

　(7)에서 ‘깊다/얕다’, ‘深/淺’은 ‘호수’, ‘강’의 겉면에서 바닥까지의 이어진 선을 지칭한다. 그러나 (8a)에서 ‘깊다/深’은 ‘산’의 겉면에서 중심까지의 이어진 거리를 지칭하는 것은 아니다. 그러므로 ‘깊다/深’은 [±연속성], ‘얕다/淺’은 [+연속성]을 가진다고 할 수 있다.

　‘깊다/얕다’, ‘深/淺’은 공간적 대상의 위에서 아래로나 겉에서 속으로 파고 들어간 선형태의 연장선의 크기가 화자의 기준보다 ‘크다/작다’는 것을 기본의미로 한다.

:: 멀다/가깝다, 远/近

> (9) 회사가 여기서 멀다(가깝다)./公司离这儿远(近).
> 　　집에서 학교까지가 멀다(가깝다)./从家到学校远(近).

　‘멀다/가깝다’, ‘遠/近’은 (9)에서 나타난 것처럼 ‘여기’나 ‘집’, 즉 어떤 기준이 되는 곳에서 대상이 되는 곳까지의 공간적 거리가 화자의 기준보다 ‘길다/짧다’는 것이다. 이때 대상이 되는 두 지점 사이는 연속되지 않고 떨어져 있어야 한다.[18]

---

18) 양태식에서는 ‘멀다(가깝다)’의 기본 의미를 [어떤 지점을 기준으로 가진 줄모양의 퍼짐이 표준

(10) a. 기차역이 멀다(가깝다)./火车站远(近).

　　　b. 일부러 먼 곳까지 찾아올 필요는 없어./没必要特意跑这么远处拜访.

(10)은 시작 기준이 되는 지점이 발화되지 않아도 시작 기준 지점은 이미 화자의 마음속에 정해져 있다. 공간적 떨어짐을 지각하는 기준 지점은 집이나 회사 등 보통은 화자가 위치하는 곳이 된다. 그러나 (10b)에서와 같이 상황에 따라 화자가 위치하지 않고 마음속에 생각하고 있는 지점이 기준 시작점이 될 수도 있다. 그리고 대상 지점이 보이든 대상 지점이 보이지 않든 관계없이 사용할 수 있다.

(11) 태양은 지구와 멀다(가깝다)./太阳离地球远(近).

(9), (10)에서 사용된 '멀다/가깝다'는 수평방향의 선적인 거리를 나타낸다고 볼 수 있으나 (11)에서 사용된 '멀다/가깝다', '遠/近'은 수평방향의 거리를 나타낼 수도 있고 수직방향이나 비스듬한 형태의 거리를 나타낼 수도 있다. 이런 사실은 '멀다/가깝다' '遠/近'이 고정된 한 방향의 거리를 문제 삼지 않는다는 것을 보여준다.

그러므로 '멀다/가깝다' '遠/近'은 [-방향성]의 속성을 가진다.

(9)의 '회사'와 화자가 위치하고 있는 '어기', '집'과 '학교', (10)의 '기차역'과 제시되지 않은 기준점, (11)의 '태양'과 '지구' 등 서로 이어지지 않은 두 대상물에 '멀다/가깝다' '遠/近'이 사용된 것이다. 그러므로 '멀다/가깝다' '遠/近'은 [-연속성]의 의미 속성을 가진다.

이상의 내용을 통해 '멀다/가깝다', '遠/近'의 기본의미는 화자가 위

값보다 크다/작다]라고 했는데 기준이 되는 지점이 있다는 것이 '길다(짧다)'와 다른 점이다.

치하거나 생각하는 기준지점에서 다른 지점까지의 공간(주로 선 간격)의 떨어짐의 정도가 화자의 기준보다 크거나 작다고 할 수 있다.

:: 곧다/굽다, 直/弯

> (12) a. 백양나무는 곧다./白杨树很直.
> b. 저 여자의 다리가 아주 곧다./那女人的腿很直.

(12)의 서술대상은 모두 수직적이다. (12b)는 여자가 앉아 있을 수도 있고 서 있을 수도 있지만 예문과 같은 표현을 할 때는 보통 대상이 세로로 위치한 상태, 즉 수직적 대상을 생각하게 된다.

앞에서 예를 든 공간지각어가 대상의 '길이, 높이, 깊이' 등 그 크기에 관심을 갖는 반면에 '곧다/굽다'와 '直/弯'은 대상의 형태에 관심을 갖는다. '곧다/直'은 화자가 지각하는 선 형태의 공간이나 공간 속의 대상의 끝과 끝이 중간에서 구부러지지 않고 똑바를 때 사용한다. 즉 한쪽 끝에서 다른 한쪽 끝까지가 직선을 이룰 때 사용한다. '굽다/弯'은 대상의 한쪽 끝에서 다른 한쪽 끝까지가 직선을 이루지 못하고 곡선을 이룰 때 사용한다.

> (13) a. 이 길이 아주 곧다./这条路很直.
> b. 이 자는 곧다./这尺很直.

(13)에서는 눈앞으로 뻗어나간 모양을 생각할 수 있는데 이것도 가로가 아닌 세로로 위치한 대상을 인식하는 것이다. 이것은 우리가 대상을 인지할 때 대상을 가로로 놓는 것보다는 세로로 놓는 것이 대상

이 곧은지 곧지 않은지 판별하기 쉽기 때문이라고 볼 수 있다. 인간은 좌우에 두 개의 눈을 가지고 있고 시야도 상하 방향보다 좌우 방향이 더 넓고 안구 운동도 상하 운동보다 좌우 운동이 더 쉽다. 그래서 수평적 대상의 상하 구부러짐을 지각하는 것보다 수직적 대상의 좌우 구부러짐을 지각하는 것이 더 용이하다고 판단된다.

(14) a. 나무가 굽었다./树弯了.
　　 b. 굽은 길/弯路

(14a)는 사람들로 하여금 오른쪽이나 왼쪽으로 굽은 나무를 생각하게 하고 (14b)는 눈앞으로 뻗은 길이 중간에서 오른쪽이나 왼쪽으로 굽은 것을 상상하게 한다. 사람들이 길을 걸을 때 옆으로 걷지 않고 앞을 향해 걸으니 당연한 것이다. 우리가 세상을 눈으로 보고 지각할 때 우리의 앞에는 하나의 면이 형성된다. 수직방향으로 위치한 대상이 앞쪽이나 뒤쪽으로 굽어 있다면 우리는 그것을 지각하기 어렵다. 그래서 수직과 직교하는 수평 방향을 설정하게 된다.

‘곧다’와 ‘바르다’의 의미대조를 통해 ‘곧다’의 의미를 더 구체화할 수 있다.

(15) a. {철사가, 기둥이} 곧다./{铁丝, 柱子}直
　　 b. {선이, 기둥이} 바르다./{线条, 柱子}直
　　 c. {*벽이, *상자가} 곧다.
　　 d. {벽이, 바닥이} 바르다.

(15a)에서 ‘곧다’는 ‘선’을 전제로 하는 대상에만 사용되지만 (15b,

d)에서 '바르다'는 '선'을 전제로 하는 대상과 '면'을 전제로 하는 대상에 다 사용된다.

(16) a. 금을 바르게 그어라.
　　　줄을 바르게 맞춰서 서라.
　　b. 앉는 자세가 바르지 않다.
　　c. 아이를 바르게 눕혀라.

'곧다'는 수직적 대상의 모양이 구부러짐이 없음을 기본의미로 하는데, '바르다'는 (16a)에서 알 수 있듯이 대상의 위치나 방향에 관계없이 사용할 수 있다. (16b)처럼 사람이 의자에 앉으면 몸은 일직선의 모양이 아니라 꺾인 모양이 된다. 이때 '바르다'라고 하는 것은 사람의 허리에 초점을 맞출 수도 있지만, 전체적으로 대상이 구부러짐이 없다는 것보다는 어떤 정해진 형태나 모양에서 벗어남이 없다는 뜻이다. (16c)도 일직선의 모양이 아닌 것을 일직선의 모양으로 곧게 하라는 의미보다는 얼굴이 위를 향해 누운 형태로 하라는 의미이다. 즉 '곧다'는 공간적 대상의 모양이 직선형이라는 의미이고, '바르다'는 '곧다'와는 달리 어떤 일정한 형태나 모양에 잘 맞는다는 의미를 갖고 있다.

아래에 '굽다'와 '휘다'와의 대조를 통해서 '굽다'의 의미를 더 구체화할 수 있다.

(17) a. 허리가 {굽다, 휘다.}
　　b. 상다리가 {*굽어지도록, 휘어지도록} 음식을 차렸다.
　　c. 낚싯대가 {*굽어지는, 휘어지는} 걸 보니 고기가 걸린 모양이네.
　　d. 팔이 안으로 {굽는다고, *휜다고} 제 친척을 먼저 생각하지.

(17a, d)에서 '굽다'는 직선 형태의 대상이 중간에 꺾여 각이 생긴 형태가 되어 있다는 의미를 나타낸다. 이때 이루어지는 각은 지시 대상의 속성에 따라 완전한 각이 아닐 수도 있으나 화자가 각을 이루고 있다고 생각한다는 것이 중요하다. 이에 비해 '휘다'는 대상이 직선 형태에서 벗어나 구부러지지만 각을 갖지 않고 弧의 형태를 이루고 있다는 것이다. 탄력을 가진 대상이라면 원래 형태로 돌아갈 수도 있다.

이상의 내용을 통해 '곧다'의 기본의미는 "공간이나 공간 속의 수직적 대상의 한 끝점에서 다른 끝점까지의 연장선의 형태가 직선형이다."라고 규정할 수 있으며 '굽다'는 '공간 속 수직적 대상의 한 끝점에서 다른 끝점까지의 연장선 형태가 직선형에서 벗어나 있다."라고 규정할 수 있다.

3.1.3.2. 2차원 공간

:: 넓다/좁다, 寬/窄

> (18) 요즘 짓는 아파트는 방보다 거실이 넓다(좁다)./
> 最近盖的楼房客厅比卧室宽(窄).
> 우리 학교의 운동장이 넓다(좁다)./我们学校的运动场宽(窄).
> 서재가 좁다(넓다)./书房窄(宽).

(18)에서 '넓다/좁다'와 '寬/窄'은 한정된 평면이나 구면의 크기를 나타내는데 그 대상인 '거실, 운동장'은 공간의 속성이 있다. '넓다/寬'은 면적의 상태가 어떤 기준을 넘었다는 [+초과성]의 의미 속성을 가지며 '좁다/窄'은 면적의 상태가 어떤 기준을 넘지 못했다는 [-초과

성]의 의미 속성을 가진다.

(19) 벽면이 넓다(좁다)/墙(面)宽(窄)

(19)에서 벽면은 (18)에서의 수평방향으로 펼쳐진 '운동장'과 달리 대체로 수직 방향으로 펼쳐진 대상물이다. 이런 사실은 '넓다/좁다', '宽/窄'이 수직이나 수평의 고정된 방향만을 나타내지 않는다는 것을 설명한다. 따라서 '넓다/좁다', '宽/窄'은 [-방향성]의 자질을 갖는다고 할 수 있다.

'넓다/좁다', '宽/窄'이 지칭하는 '운동장' '벽' 등은 두 쪽 방향으로 펼쳐진 두 선에 의해 형성된 '면'으로 이루어진 대상물이다. '넓다/좁다', '宽/窄'은 이런 대상물들에서 1차원적 공간인 '선'을 나타내는 것이 아니라 '면'의 정도를 나타낸다. 그러므로 '넓다/좁다', '宽/窄'은 [-연속성]의 자질을 가질 수 있다.

(20) 도로가 넓다(좁다)./道路宽(窄)
     다리가 넓다(좁다)./桥宽(窄)

(20)에서 '넓다/좁다', '宽/窄'은 떨어져 있는 두 선 사이의 거리에 사용되었다. '길다/짧다', '長/短'이나 '멀다/가깝다', '遠/近'을 사용하지 않고 '넓다/좁다', '宽/窄'을 사용하는 것은 이미 화자가 세로의 길이가 더 긴 것을 전제로 하고 가로의 길이가 긴 것을 표현하기 때문이다. 만약 화자가 세로의 길이를 전제로 하지 않으면 '길다/짧다', '長/短'이나 '멀다/가깝다', '遠/近'이 사용될 수 있다.

‘넓다/좁다’, ‘寬/窄’의 기본의미는 사물이 평면의 넓이에 있어서 혹은 세로의 길이가 길다는 것을 전제로 한두 선 사이의 거리가 보통의 정도보다 크거나 작은 상태에 있음을 의미한다.

:: 두껍다/얇다, 厚/薄

> (21) 책이 두껍다(얇다)./书厚(薄).
> 널판자가 두껍다(얇다)./木板厚(薄).
> 원단이 두껍다(얇다)./衣服料子厚(薄).
> 얼음이 두껍다(얇다)./冰厚(薄).

(21)에서 볼 수 있듯이 ‘두껍다/얇다’와 ‘厚/薄’은 입체적 사물의 면을 구성하는 세 선 중에서 가장 짧은 선 두 지점 사이의 공간적 거리 정도가 크거나 작을 때 사용한다. 그러므로 ‘두껍다/얇다’와 ‘厚/薄’이 대상물에서 나타내는 두께는 단면을 문제 삼지 않는다. 따라서 ‘두껍다/얇다’와 ‘厚/薄’은 [-단면성]의 속성을 가진다고 할 수 있다. 이때에 ‘두껍다/얇다’와 ‘厚/薄’에 대한 지각은 화자 마음속의 기준에 의하여 이루어진다. 또한 기준 시작점이나 방향성의 제약도 없다. ‘두껍다/얇다’, ‘厚/薄’과 ‘넓다/좁다’, ‘寬/窄’과의 다른 점은 전자는 가장 짧은 선을 포함하는 공간적 퍼짐을 표현하는 것이고, 후자는 가장 큰 공간인 면을 표현하는 것이다.

‘두껍다/얇다’와 ‘厚/薄’의 기본의미는 부피가 있는 넓적한 물체의 두께가 화자의 기준보다 크거나 작은 상태를 나타낸다.

3.1.3.3. 3차원 공간

:: 굵다/가늘다(잘다), 粗/细

(22) 나무기둥이 굵다(가늘다)./木头柱子粗(细).
　　코끼리 다리가 굵다(가늘다)./大象的腿粗(细).
　　그는 팔이 굵다(가늘다)./他的胳膊粗(细).

(22)에서 볼 수 있듯이 '굵다'는 공간성을 띠며 그 대상은 보통 원통형인데 그 둘레의 크기가 화자의 기준보다 크다는 의미를 가진다. (22)에서 사용된 '굵다/가늘다', '粗/细'라고 하는 '굵기'는 이런 대상물의 단면에 의해 결정된다. 즉 3차원 대상물의 한 측면인 단면에 의해 '굵기'가 결정된다는 것이다. 그러므로 '굵다/가늘다', '粗/细'는 [＋단면성]의 속성을 가진다고 할 수 있다. (22)에서 '굵다/가늘다', '粗/细'는 '기둥'이나 '다리'의 둘레를 나타낸다. 이러한 둘레는 부피를 가지는 입체물인 '기둥'이나 '다리' 등의 한 부분인 곡선에 해당한다. 그러므로 여기서 '굵다/가늘다', '粗/细'는 대상물 전체의 부피를 문제 삼지 않고 그 부분인 둘레를 문제 삼기에 [－전체성]의 속성을 가진다.

(23) 감자가 굵다(잘다)/土豆大(小)
　　밤이 굵다(잘다)/栗子大(小)

(23)에서 '굵다'의 대상인 '밤, 감자'는 입체가 공간에서 차지하는 크기인 부피의 속성을 보이는데 그 대상은 구 모양의 동그란 대상이 부피가 크다는 뜻이다. 여기서 '굵다/잘다'는 대상물 전체의 부피를 문제 삼기에 [＋전체성]의 속성을 가진다고 볼 수 있다. (22)에서 '굵다'

는 [－전체성]의 속성을 가지기도 하므로 '굵다'는 [±전체성]의 속성을 가진다고 할 수 있다. 또 '굵다'는 (23)에서 긍정적 가치를 갖는데 '가늘다'와 대립관계를 이루지 못하고 '잘다'와 대립관계를 형성한다.[19]

한국어 '굵다/잘다'는 구형의 대상에 대해서도 사용할 수 있지만 중국어 '粗/細'는 구형의 대상에는 사용할 수 없고 원통형 대상에만 사용되는 제약이 있다. 구형의 대상이 크다는 것을 나타낼 경우 중국어에서는 '大/小'를 사용할 수밖에 없다. 중국어에는 구 모양의 동그란 대상의 부피를 특별히 나타내는 형용사가 없다.

:: 크다/작다, 大/小

(24) a. 키가 크다(작다)./个子大(小).
     b. 집이 크다(작다)./房子大(小)
        몸집이 크다(작다)./体格大(小)

(24a)에서 '크다/작다', '大/小'는 공간적 대상의 길이나 높이가 (24b)는 체적이 화자의 기준보다 크거나 작을 때 사용된 것이다.[20] '크다/작다'는 기준 시작점도 필요하지 않고 방향성의 제약도 없으며 대상물의 형태에도 제약을 받지 않는다. '크다/작다'는 그 대상이 원형이든 6면체이든 상관하지 않는다. 즉 대상의 어느 한 단면에 의해 결정되지 않고 대상물 전체의 부피에 의해 결정된다. 그러므로 '크다/작다', '大/小'는 [－단면성]의 속성을 가진다고 할 수 있으며, [＋전체성]의 속성을 가진다.

---

19) '굵다'의 기본의미에 대해서는 김준기(2004:135－137) 참조.
20) M. Bierwisch(1967:32－34)에서는 '크다(작다)'는 1, 2, 3차원에 제약이 없는 [n공간]으로 가장 단순하다고 설명했다. 구체적인 내용은 임지룡(1993:275)을 참조.

⑵ 신발이 크다(작다)./鞋大(小)

　　옷이 너무 크다(작다)./衣服大(小)

(25)에서와 같이 '크다/작다', '大/小'는 일정 치수 이상이나 이하라는 뜻도 있으나 이것도 역시 공간적 대상의 크기가 화자의 기준보다 크다는 것을 의미한다.

이상의 내용을 통해 '크다/작다', '大/小'는 공간이나 공간 속 대상이 차지하고 있는 부피가 화자의 기준을 초과하거나 미치지 못한다는 의미를 나타내고 있다는 것을 알 수 있다.

:: 둥글다/모나다, 圓/方

'둥글다/모나다'와 '圓/方'은 지칭대상의 크기에 초점을 두지 않고 대상의 형태에 관심을 둔다.

⑵⒍ a. 둥근달/圓月

　　　식탁이 둥글다./桌子是圓的

　　b. 지구는 둥글다./地球是圓的

　　c. 이슬람 사원의 지붕이 둥글다./伊斯兰寺院的屋顶是圓的.

'둥글다'와 '圓'은 (26a)와 같이 평면의 중심에서 방향에 상관없이 가장자리까지의 거리가 같다는 것을 나타내며, (26b, c)는 입체적 대상의 중간에서 방향에 상관없이 가장자리까지의 거리가 같다는 것을 나타낸다. (26c)와 같이 구의 일정부분만으로 구성된 대상에도 사용할 수 있다. 평면적 대상이든 구형의 입체적 대상이든, 완전한 원이나 구형태가 아니라도 '둥글다/圓'을 사용할 수 있다. '둥글다/圓'의 특징은 평면적 대상이나 입체적 대상의 둘레나 겉면의 모양이 삐죽하게 튀어

나오거나 각이 지지 않았다는 데에 있다. 그리고 대상의 크기가 아닌 형태에 관심을 두는 것이기에 의미 자질에 '기준 시작점'과 '방향성'을 갖지 않는다.

'둥글다'와 '圓'의 기본의미는 "면이나 입체의 둘레나 겉면에 각진 부분이 없다."라고 설정할 수 있다.

(27) a. 모난 돌/带尖的石头
　　 b. 方镜/네모난 거울

(27a)는 두 선이나 면이 만나 이루는 각진 부분이 있다는 뜻이다. 중국어는 '모나다'의 의미에 대응되게 '尖'을 사용할 수 있는데 이것은 한국어 '뾰족하다'의 의미에 더 접근한다. 중국어 '圓'의 의미와 대립 쌍을 이룬다고 볼 수 있는 '方'은 '모나다'와 의미가 일치하지 않다. '모나다'는 각이 몇 개이든 상관이 없지만 '方'은 보통 한 평면에서 각이 네 개인 것만을 의미한다.

'모나다'의 기본의미는 "면이나 입체의 둘레나 겉면에 각진 부분이 있다."고 설정할 수 있지만, '方'은 "평면에 네 각이 진 부분이 있다."라고 설정할 수 있다.

공간의미의 형용사들은 수학의 차원과 관련하여 1자원 형용사도 한국어는 '길다/짧다', '멀다/가깝다', '높다/낮다', '깊다/얕다', '곧다/굽다', 중국어는 '長/短', '遠/近', '高/低', '深/淺', '直/彎'이 있는데 '길다/長', '멀다/遠', '높다/高', '깊다/深'은 [＋초과성]의 의미 속성을 가지나, '짧다/短', '가깝다/近', '낮다/低(矮)', '얕다/淺'은 [－초과성]의 의미 속성을 가진다는 점에서 변별된다. 그리고 '높다/낮다', '高/低'는 [＋수직성]의 속성을 가지고 '깊다/얕다', '深淺'은 [＋내향성]의 자질을 가진다는 점에서 변별되나, '높다/낮다', '高/低', '깊다/얕다', '深/淺'은 [+방향성]의 자질을 공유한다. '길다/짧다', '長/短', '멀다/가깝다', '遠/近'은 [-방향성]의 속성을 가진다는 점에서 '높다/낮다', '高/低', '깊다/얕다', '深/淺'과 변별된다. 또한 '길다/짧다', '長/短', '얕다/淺'은 [+연속성]의 속성을 가지나 '높다/낮다', '高/低' '깊다/深'은 [±연속성]의 속성을 가지며, '멀다/가깝다', '遠/近'은 [-연속성]을 가진다는 점에서 변별된다.

2차원 자질을 가지는 형용사로 '넓다/좁다' '寬/窄', '두껍다/얇다' '厚/薄'이 있는데 '넓다/寬', '두껍다/厚'는 [+초과성]의 속성을 가지나 '좁다/窄', '얇다/薄'은 [-초과성]의 속성을 가진다는 점에서 변별된다.

이상에서 韓·中 시각형용사의 기본의미에 대해서 살펴보았는데, 韓·中 시각형용사 중 광선의미를 가지고 있는 형용사는 韓·中 양 언어가 언제나 고정적으로 一對一 대응을 이루지 않고 있으며 대상의 선택 제약적 특성을 가지고 있다.

색채의미의 형용사들도 그 기본의미에서 '검다/黑', '희다/白', '붉다/紅', '누르다/黃' 등은 一對一의 대응을 이루고 있지만, 한국어 '푸르다'에는 중국어 '藍'과 '綠'이 대응되므로 一對多의 대응관계를 이루고 있다.

공간의미의 형용사들도 그 기본의미에서 韓·中 양 언어는 거의 다 일대일의 대응관계를 이루고 있지만 구 모양 물체의 부피 크기에 대해 쓰이는 '굵다/잘다'의 의미에 대응하는 중국어는 빈자리로 남아 있으며, 또 한국어 '모나다'는 각이 몇 개인 것과는 상관이 없지만 중국어 '方'은 평면상에서 각이 네 개인 것만을 가리킨다는 점에서 韓中 양 언어는 차이점을 보이고 있다.

3.2. 韓·中 청각형용사의 기본의미 대응 양상

인간의 청각 감각기관은 귀로서 수용기는 달팽이관 내에 있다. 청각 신호는 청신경을 거쳐 대뇌피질 측두엽의 청각령에 이른다. 청각기관으로 느끼는 감각이 어떠하다는 것을 나타내는 일련의 형용사들은 청각형용사라고 부른다. 본 연구에서는 [＋소리]의 특성을 갖는 형용사로 '시끄럽다, 요란하다, 떠들썩하다', '嘈雜, 喧嘩'를 대상으로 하고, [－소리][21]의 특성을 갖는 형용사로는 '조용하다, 고요하다, 잠잠하다', '安靜, 消停, 清靜' 등을 대상으로 하여 韓·中 청각형용사의 기본의미 대응 양상을 살펴보려고 한다. 또한 '시끄럽다, 요란하다, 떠들썩하다', '嘈雜, 喧嘩' 등과 '조용하다, 고요하다, 잠잠하다', '安靜, 消停, 清靜' 등은 의미적 공통점이 있지만 필연코 그 의미 차이가 있으므로 의미적 변별이 필요하다고 판단된다. 하여 유의어로서의 이런 청각형용사들의 의미 차이점도 밝혀 보고자 한다.

---

21) [－소리]라고 해서 소리가 아예 없다는 것만 지칭하는 것이 아니라 소리가 작다는 것도 지칭한다.

:: 시끄럽다, 요란하다, 떠들썩하다/嘈杂, 喧哗

   (28) a. 영희의 웃음소리가 {시끄럽다. 요란하다, *떠들썩하다}./英姬的笑 声很
       {嘈杂, *喧哗}
      b. 아이들의 웃음소리로 집 안이 {시끄럽다, 요란하다, 떠들썩하다}/
       由于孩子们的笑声, 屋子里很{嘈杂, 喧哗}.
      c. 차들의 경적 소리가 {시끄럽다, 요란하다, *떠들썩하다}./
       车辆的警笛声很{嘈杂, *喧哗}.
      d. 개 짖는 소리가 {시끄럽다, 요란하다, *떠들썩하다}./
       狗叫声很{嘈杂, *喧哗}
      e. 종이 울리니 {시끄럽던, *요란하던, 떠들썩하던} 교실이 조용해졌다./
       上课铃一响, {喧哗的, 嘈杂的}教室变安静了.

(28a)는 '시끄럽다', '요란하다', '떠들썩하다', '嘈雜'에 단수의 사람이 내는 소리와 결합한 것이고, (28b)는 복수의 사람이 내는 소리와 결합한 것이다. (28c, d)는 단수 또는 복수의 사람이 내는 소리가 아닌 동물이나 물건의 소리를 결합한 것이며 (28e)는 장소와 결합한 것이다. (28a~d)에서 '시끄럽다', '요란하다'는 어느 경우나 모두 자연스럽지만 '떠들썩하다'는 (28b)에서만이 자연스럽고 나머지는 다 자연스럽지 못한 것 같다. 이로부터 '떠들썩하다'는 '시끄럽다', '요란하다'와 달리 두 사람 이상인 복수(plural)이며, 또한 인간이 내는 소리에만 결합할 수 있음을 알 수 있다. (28e)에서 '요란하다'가 자연스럽지 못한 것은 '요란하다'는 어떤 장소와는 어울리지 못하고 '소리'와만 어울린다고 보인다.

위에서 볼 때 '시끄럽다'와 '요란하다'는 모두 큰 소리에 속하며, 이 것들에 결합되는 대상물에도 별로 큰 차이가 없다고 할 수 있다. 이러한 공통점이 있음에도 불구하고 '시끄럽다'와 '요란하다' 사이의 의미적 차이점을 살펴볼 필요는 있다.

    (29) a. {조금, 약간, 아주, 매우} 시끄럽다.
         b. {*조금, *약간, 아주, 매우}요란하다.

  (29a)에서 볼 때 '시끄럽다'는 약한 정도를 나타내는 정도부사 '조금, 약간'뿐만 아니라, 강한 정도를 나타내는 정도부사 '아주, 매우'와도 결합이 모두 가능하다. (29b)에서 '요란하다'는 강한 정도의 정도부사와 결합이 가능하지만 약한 정도의 정도부사와 결합했을 때는 어색하다. 이것은 '시끄럽다'와 '요란하다'가 정도성에서 차이를 나타낸다고 할 수 있겠다. 즉 '시끄럽다'는 정도 매기기에 제한을 받지 않지만, '요란하다'는 정도 매기기에 부분적인 제한을 받는다.

    (30) 천둥소리가 {시끄럽다, 요란하다}.
         총소리가 {시끄럽다, 요란하다}.

    (30)의 '천둥소리'와 '총소리'는 객관적으로 큰 소리라 할 수 있는데 '시끄럽다', '요란하다'와 결합하였을 경우 모두 자연스럽다.

    (31) 시계 소리가 {시끄럽다, *요란하다},
         책장 넘기는 소리가 {시끄럽다, *요란하다}.

  (31)의 '시계 소리'와 '책장 넘기는 소리'는 객관적으로 큰 소리라 할 수 없다. '시끄럽다', '요란하다'가 객관적으로 큰 소리라 할 수 없는 '시계 소리', '책장 넘기는 소리'와 결합했을 때 '시끄럽다'는 자연스럽지만 '요란하다'는 자연스럽지 못하다. '시끄럽다는 정신을 집중

해야 할 상황이나 잠들기 어려운 상황일 때, '시계 소리'와 '책장 넘기는 소리'가 객관적으로 큰 소리는 아니지만 큰 소리로 느껴져서 청각 기관에 불쾌감을 줄 경우에 사용될 수 있는데, 이것은 '시계 소리'나 '책장 넘기는 소리'가 듣고자 하는 소리보다 상대적으로 크기 때문에 듣고자 하는 소리를 듣기 힘들게 되어 불쾌감을 가지게 될 경우에도 사용될 수 있기 때문이다. 이런 사실은 '요란하다'는 객관적으로 큰 소리에만 사용될 수 있으나 '시끄럽다'는 객관적인 소리뿐만 아니라 주관적으로 느끼게 되는 소리에도 쓰일 수 있다는 것을 보여준다.

이상의 논의에서 '떠들썩하다', '시끄럽다', '요란하다'는 소리의 성질 가운데 소리의 크기와 관련이 있으며, 어떤 기준보다 큰 소리를 나타내는 것이 공통점이라 할 수 있다. '떠들썩하다'는 복수의 인간이 내는 소리에만 사용될 수 있다는 것이 '시끄럽다', '요란하다'와의 차이점이라 할 수 있다. 또한 '시끄럽다'와 '요란하다'는 정도성, 그리고 '요란하다'가 고정된 기준을 가지는 데 비해서 '시끄럽다'는 하나의 고정된 기준을 가지지 않는다는 점에서 차이가 있다고 할 수 있다.

중국어 '嘈雜'은 소리가 아주 복잡한 것을 나타내며 입말과 글말에 다 쓰이지만 '喧嘩'는 주로 어떤 떠들썩한 분위기를 나타내며 주로 글말에 많이 쓰인다. 위의 예로부터 '시끄럽다'와 '嘈雜', '떠들썩하다'와 '喧嘩'가 그 의미와 쓰임이 비교적 일치하다는 것을 알 수 있다.

:: 조용하다, 고요하다, 잠잠하다/安静, 消停, 清静

(32) a. 어머니가 야단을 치자 떠들던 아이가 (조용해졌다, *고요해졌다)./
母亲一叱责, 吵闹的孩子就安静了.
b. 말하기를 좋아하던 그가 오늘은 웬일로 (조용하다, *고요하다)./

　　爱说话的他不知为什么今天很安静.

　　(32a)는 어머니의 야단으로 떠들던 아이의 언행이 멈추어진 것을
나타내며, **(32b)**에서는 말을 잘하던 사람의 언행이 멈추어진 것을 나
타낸다. 이는 동작주에게 있던 떠듦과 말하기, 곧 시끄러움이 없어진
것을 의미한다.

> (33) a. 사람들이 내리자 버스 안이 (조용하다, 고요하다)./
>   人们一下车, 公共汽车里就变得清静了.
>   b. 그의 말 한마디에 장내는 쥐 죽은 듯이 (조용했다, 고요했다)./
>   他说一句话, 场内就肃静了.

　　(33a)에서 버스 안은 많은 사람들로 붐빌 때 나던 시끄러움이 사라
져 잠잠하며 **(33b)**에서 장내는 조금 전까지 떠들던 소리가 사라졌음
을 나타낸다. 이와 같이 위의 예문들에서 '조용하다'의 기본의미는
'시끄러움이 사라졌음'으로 규정된다. 그리고 '시끄러움이 사라진다'
는 것은 세 경우로 나타나는데, 첫째는 실제로 발생한 시끄러움이 사
라진 경우이고, 둘째는 다른 상황에 있는 시끄러움이 해당 상황에서
사라진 경우이며, 셋째는 해당 상황에서 일반적으로 발생할 수 있는
시끄러움이 어떤 통제력으로 말미암아 사라진 경우이다. 중국어 '清
静'은 '시끄러움이 사라졌음'의 의미를 갖고 있으면서 어떤 장소의 조
용함을 나타낸다. '肃静'은 좀 엄숙하면서 조용한 것을 나타낸다.

> (34) a. 높은 산에 오르니 천지가 (조용하다, *고요하다)/
>   爬上了高山, 天地间很沉静,
>   b. 겉으로 안정되어 있는 것처럼 보이지만 그것은 폭풍 전야의 (조용함/*

고요함)에 지나지 않는다./
在表面上看起来很平静, 但那只不过是暴风骤雨之前的寂静.

(34a)에서 높은 산은 세속을 멀리 떠나 있어 어떤 거슬림이나 시끄러움도 일어나지 않는 곳이라 할 수 있는데 이때는 '고요하다'가 어울려야 자연스러우며, 중국어 번역문에서 사용된 '沈靜'은 고요하면서도 평온한 느낌을 준다는 의미를 내포하고 있다. (34b)에서는 어떤 상황을 폭풍 전야의 상태에 비유하고 있는데, 폭풍 전야의 상황은 폭풍이 일어나기 전의 잠잠한 상태이다.

> (35) a. 우리는 (*조용하게/고요하게) 잠든 그의 명복을 빌었다.
> b. 갑작스레 개 짖는 소리가 농촌 밤의 (*조용함/고요함)을 깨뜨렸다.

(35a)에서 죽은 사람은 시끄럽게 할 어떤 가능성도 없으며 (35b)에서 농촌의 밤은 근본적으로 시끄러움이 발생할 여지가 없는 것이다. 이처럼 시끄러움이 전혀 발생하지 않음으로써 잠잠한 분위기를 나타내는 위 예에서 '고요하다'의 기본 의미는 '시끄러움이 아예 일어나지 않아 잠잠함'으로 규정할 수 있다.

> (36) a. 한동안 잠잠하던 개구리 울음소리가 다시 들려왔다./
> 消停一阵的青蛙的叫声又开始响了.
> b. 잠잠하던 파도가 다시 거세졌다./平静的波涛又开始澎湃了.

(36)에서 보면 '잠잠하다'는 주로 자체로 움직일 수 있는 활동체 명사가 움직이지 않아서 조용한 상태에 있는 것을 뜻한다.

(37) (조용한, *고요한) 바람소리
     (조용한, *고요한) 빗소리

(37)에서 '조용하다'는 자연스럽지만 '고요하다'는 그 쓰임이 자연스럽지 못하다. 이것은 '조용하다'는 '고요하다'와 달리 소리가 있는 상태에서도 사용될 수 있다는 것이다. 단지 소리가 아주 작을 뿐이다. 이런 사실은 (38)과 같이 정도성의 논의에서도 확인될 수 있다.

(38) a. (조금, 약간, 아주, 매우) 조용하다.
     b. (*조금, *약간, 아주, 매우) 고요하다.
     c. (조금, 약간, 아주, 매우) 잠잠하다.

(38a, c)는 자연스러운 표현이지만 (38b)에서 '조금', '약간'과 '고요하다'의 어울림은 자연스럽지 못하다. 이것은 '고요하다'가 소리가 아예 없는 상태를 나타낸다.

'조용하다', '고요하다', '잠잠하다'는 '시끄러움이 없다'는 외적인 상위 개념 안으로 묶이어 유의관계를 형성하는 유의어이다. 그러나 '조용하다'는 '시끄러움이 사라졌다'는 내적인 의미를 내포하기도 하며, '고요하다'는 '시끄러움이 애당초 일어나지 않았다'는 의미를 내포하기도 한다. '잠잠하다'는 자체로 움직일 수 있는 대상이 움직이지 않아서 '조용하다'는 의미를 나타낸다. 또한 '조용하다', '잠잠하다'는 '소리가 있는데 작다'는 의미를 나타내지만 '고요하다'는 '소리가 아예 없다'는 의미를 나타낸다.

중국어 '安靜'은 소리가 없는 것을 강조하는데 실내와 실외에 다 사용할 수 있다. '淸靜'은 떠들썩하지 않는 어떤 공간의 분위기를 강조

한다. '消停'은 떠들썩하고 복잡하던 상황이 사라진 후 조용한 것을 나타낸다.

이로부터 알 수 있듯이 韓·中 청각형용사는 언제나 일대일로 대응이 이루어지는 것이 아니라 지칭되는 대상에 따라 대응되는 단어도 다르다고 할 수 있다.

3.3. 韓 · 中 후각형용사의 기본의미 대응 양상

후각 의미와 관련된 성분인 [냄새]의 자질을 가진 자극에 대하여 코로 느끼게 되는 후각적 요소를 표현하는 형용사를 후각형용사라 한다. 한국어 기본 후각형용사는 '향기롭다, 고소하다, 구수하다, 비리다, 노리다, 지리다, 구리다' 등을 들 수 있으며 중국어 기본 후각형용사는 '香, 腥, 膻, 臊, 臭' 등을 들 수 있다.

『국어대사전』(이희승, 1998, 민중서림)에서 제시한 후각형용사의 바탕물체와 그에 대응하는 중국어는 다음과 같다(『중한사전』, 2002, 고려대민족문화연구원).

표 5. 바탕 냄새에 따른 韓 · 中 후각형용사

한국어	바탕냄새	중국어
향기롭다	꽃이나 향	香
고소하다	깨나 땅콩처럼 좋은 맛이나 냄새	
구수하다	잘 끓는 숭늉, 감자의 맛처럼 입맛을 당길 만큼 은근한 냄새	
비리다	날 콩, 물고기, 피 따위의 냄새	腥
지리다	오래된 오줌	臊
구리다	똥이나 방귀	臭
노리다	털이 타는 냄새와 노래기의 냄새	膻

언어가 다른 단어는 객관사물을 명명22)하거나 개관사물의 상태나 성질을 설명함에 있어서 큰 차이를 보인다. 특히 그 단어가 명명하는 대상과, 설명하는 상태나 성질의 개괄성과 구체성에서 서로의 차이가 있다. 위의 표에서 알 수 있듯이 중국어의 후각형용사 '香'은 한국어의 '향기롭다', '고소하다', '구수하다' 등이 나타내는 의미를 아울러 나타내고 있으므로 개괄적이다.

한국어의 감각 형용사 중에서 '구수하다'라는 낱말은 미각과 후각을 동시에 나타내는 형용사로서 '맛이나 냄새가 비위에 당기도록 좋다'는 뜻이다. 여기에 상응하는 중국어로는 '香'을 들 수 있다. 그러나 중국어의 '香'은 한국어에서 '맛있다' 혹은 '향기롭다'에 해당하는 말로 쓰이지, 결코 꼭 '구수하다'나 '고소하다'는 말의 의미에 대응한다고는 할 수 없다. 그러므로 한국어의 '구수하다', '고소하다'에 대응하는 중국어는 빈자리23)로 남아 있다고 할 수 있다. 여기에서 볼 때 중국어 '香'은 그 의미가 아주 개괄적이지만 한국어 '향기롭다', '고소하다', '구수하다' 등은 구체적이다. 즉 '향기롭다', '고소하다', '구수하다'와 '香'은 다대일의 대응관계를 보이고 있다.

---

22) 중국어에서는 낮고 우묵한 코를 '塌鼻子' 또는 '扁鼻'로 개괄하고 있으나 한국어에서는 그런 코를 섬세하게 갈라 '납작코, 넓적코, 벽장코, 안장코……' 등으로 명명하고 있다.

23) 마찬가지로 한국어의 '텁텁하다'에 해당하는 중국어의 낱말도 존재하지 않는다. 한국어의 '텁텁하다'라는 단어의 뜻은 '입맛이나 음식 맛이 시원하고 깨끗하지 못하다'는 뜻이다.

3.4. 韓·中 미각형용사의 기본의미 대응 양상

미각의 수용기는 생물학적으로 혀에 분포되어 있는 미뢰(tastebud)
이다. 인체 생리학에서는 혀의 표면에 4종류의 미뢰가 있다고 하였다.
곧 혀끝에 '단맛', 그 바로 다음에 '짠맛', 혀의 양쪽 끝에 '신맛', 혀의
안쪽 면에 '쓴맛'의 미뢰가 분포되어 있다는 것이다(임지룡,
1997:118). 미각신호는 안면신경이나 설인신경을 통하여 대뇌피질 두
정엽 하부에 있는 미각령에 이른다. 미뢰를 기반으로 하여 기본적으
로 이루어진 미각은 '단맛, 쓴맛, 신맛, 짠맛, 떫은맛, 매운맛' 6가지가
된다. 헤링은 '단맛'을 내는 대표적 원료로 '자당'(sucrose)을 들고 그
화학적 성분은 '아세톤'이라 하였으며 '소금'으로 대표되는 '짠맛'의
화학적 성분은 '알칼리', '염산'으로 대표되는 '신맛'의 화학적 성분은
'초산', '키니네'로 대표되는 '쓴맛'의 화학적 성분으로는 '황화칼슘'
을 들었다. 본 연구에서도 한국어는 '달다, 쓰다, 시다, 짜다, 떫다, 맵
다', 중국어는 '甛, 苦, 酸, 咸, 澀, 辣'을 기본 미각형용사로 설정하고
그 대응 양상을 살펴보도록 한다.

기본 미각어의 설정과 관련해서 '싱겁다'의 처리가 문제가 되는데24) 여기서 '싱겁다'는 '짜다'의 대립관계에 있다고만 보고 언급하기로 하겠다.

> (39) a. 수박이 달다./西瓜甛.
> b. 한약이 쓰다./中药苦.
> c. 살구가 덜 익어서 시다./因为杏儿没有熟透. 很酸.
> d. 된장국이 너무 짜다./大酱汤很咸.
> e. 감이 너무 떫어서 못 먹겠다./柿子太涩. 吃不了.
> f. 중국의 사천요리는 아주 맵다./中国的四川菜很辣.

(39a)에서 '달다/甛'은 꿀, 설탕과 같은 맛을 나타내며, (39b)에서 '쓰다/苦'는 소태와 같은 맛을 나타내고, (39c)에서 '시다/酸'은 식초와 같은 맛을 나타내다. (39d)에서 '짜다/咸'은 소금과 같은 맛을 나타내며, (39e)에서 '떫다/涩'은 덜 익은 감을 먹었을 때 느끼는 감각을 나타내며 (39f)에서 '맵다/辣'은 고추, 겨자와 같은 맛을 나타낸다.

사람들은 미뢰로 맛을 지각하는데, 단맛을 나타내는 미뢰는 혀의 앞쪽에 위치하고, 쓴맛은 혀의 뒤쪽에, 짠맛과 신맛은 혀의 양쪽 옆에 분포되어 있다. 그리고 떫은맛과 매운맛은 미뢰의 위치가 불명확한데, 떫은맛은 혀 전체와 혓바닥에서 맛을 감각하고 매운맛은 혀 가운데 부분과 통점을 자극해서 맛을 느낀다.

이들 기본 미각형용사를 한국어와 중국어에서 미뢰의 위치와 맛의 바탕이 되는 감각으로 분류하면 표 6과 같다.

---

24) 앞선 연구에서 배해수(1982), 정재윤(1989), 이동길(1988)은 '짜다'계의 하위분절로 다루었고, 이승명(1988)은 기본 미각형용사도 아니고 '짜다'계의 하위분절도 아닌 다른 유형으로 다루었다.

표 6. 바탕맛과 미뢰의 위치에 따른 韓·中 미각형용사

한국어	미뢰의 위치	바탕감각	중국어
달다	혀의 앞쪽	꿀 설탕의 맛	甜
쓰다	혀의 뒤쪽	소태의 맛	苦
시다	혀의 양쪽 옆	식초의 맛	酸
짜다	혀의 양쪽 옆	소금의 맛	咸
떫다	불명확	덜 익은 감의 맛	涩
맵다	통점의 자극	고추냉이의 맛	辣

위의 도표에서 韓·中 미각형용사는 그 기본의미에서 대체로 일대일 대응의 관계를 가지고 있음을 알 수 있다.

3.5. 韓 · 中 촉각형용사의 기본의미 대응 양상

촉각은 피부(살갗)를 통하여 어떤 자극을 받아들이는 감각이다. 촉
각형용사는 어떤 대상에 신체의 일부가 직접적 혹은 간접적으로 접촉
함으로써 감각되는 느낌이 어떠하다는 것을 나타내는 품사이다. 그러
므로 촉각형용사는 아래와 같이 대상물과 피부와의 접촉에서 느끼는
감각을 나타내는 표면촉각형용사, 온도의 높고 낮음을 지각하는 온도
형용사, 아픔을 느끼는 통각형용사로 하위분류될 수 있다.

3.5.1. 표면촉각

표면촉각은 주로 피부로 감각되는데 우선 이러한 감각이 피부에서
어떠한 감각 양상을 보이는가에 대해 관심을 둔다. 감각을 유발시키
는 피부의 부위, 감각의 가치 등을 중심으로 이들 표면촉각 형용사들
이 가지는 기본적인 의미를 고찰하고자 한다.

:: 거칠다/粗糙, 粗25)

> (40) a. 일을 했더니 피부가 거칠어졌다./由于干了活, 皮肤变粗糙了.
>   대패질을 하지 않은 거친 널조각./还没有下过刨子的粗糙木板.
>   b. 그는 거친 삼베로 지은 옷을 입었다./他穿了用粗麻做的衣服.
>   c. 쌀가루가 너무 거칠다./米面太粗.

(40)에서 '거칠다/粗糙, 粗'는 주로 '피부'와의 접촉에서 느낄 수 있지만 '시각'으로도 감지할 수 있는 현상들이다. (40a)는 '나무나 살결 따위가 곱지 않고 험한 것'을 나타내며 (40b)는 피륙의 올이 성기고 굵은 것을, (40c)는 가루나 알갱이 따위가 굵은 것을 나타낸다. 이러한 감각을 피부로 느낄 때 그 감각부위는 '부분성'의 양상을 띠게 되며 그 감각가치는 보통 [＋부정]이고 감각방향은 [＋내향성]의 양상을 보인다. (40)에서 확인되듯이 한국어 '거칠다'와 중국어 '粗糙, 粗'의 기본의미는 거의 일치한데 '피부, 널판자'에는 '粗糙', '올, 쌀가루'에는 '粗'를 사용하는 것이 더 적합하다. 그것은 '粗'에는 '굵다'의 의미도 있으므로 '올, 쌀가루'는 굵기가 크면 당연히 거칠어지기 때문이라고 생각된다.

:: 부드럽다/细腻, 柔软, 柔和

> (41) a. 오늘따라 어머니의 살결이 더욱더 부드럽게 느껴졌다./
>   觉得今天 母亲的皮肤特别细腻.
>   b. 가재의 흰 살은 부드러우면서도 씹는 맛이 있다./
>   喇蛄的肉嫩, 嚼而回味有余.

---

25) 공간의미의 형용사 '굵다'의 의미에 대응되는 '粗'는 촉각형용사 '거칠다'의 의미에 대응되기도 한다.

c. 부드러운 담요로 아이를 쌌다./用柔软的毯子包了孩子.
d. 부드러운 봄바람이 불어왔다./吹来了柔和的春风.

(41)에서 '부드럽다'는 피부와의 접촉 그리고 혀로 느낄 수 있는 감각이다. 그러나 중국어는 (41a)에서처럼 감각대상이 피부일 때는 '細膩', (41b)와 같이 입으로 고체 물질의 '부드러움'을 느낄 때는 '嫩', (41c)처럼 어떤 물체의 부드러움을 피부 또는 손으로 접촉하여 느낄 때는 '柔軟', (41d)처럼 감각대상이 바람일 때는 '柔和' 등으로 결합되는 단어는 그 대상의 제한을 많이 받는다. 감각가치는 거의 다 [+긍정성]의 양상을 보이며 그 감각방향은 [+내향성]의 양상을 보이고 있다.

그러므로 '부드럽다'와 어울리는 대상이 무엇이며 또는 접촉부위가 어딘가에 따라 사용되는 중국어 단어는 다르게 된다.

:: 굳다/硬, 硬梆梆26)

(42) 땅이 굳다./地硬
아침식사로 굳은 빵 한 조각을 먹었다./早餐吃了一片硬梆梆的面包.

(42)에서 '굳다'와 '硬'은 어떤 물체가 외부의 힘에 저항하는 정도가 큰 상태에 있는 것을 뜻한다. 대체로 바깥으로 드러난 견고한 대상의 상태를 나타내는 데 쓰이는 경향이 있다.

'단단하다'와의 차이점을 통해서 '굳다'의 의미를 더 알아볼 수 있다.

(43) 그는 운동을 많이 했기에 근육이 {*굳다, 단단하다}./
因为他经常运动, 所以肌肉很结实.

---

26) '硬梆梆'은 '硬'에 '梆梆'이 붙어 '硬'의 의미를 더 생동하게 표현할 뿐이다.

배추가 속이 차서 {단단하다, *굳다}./白菜心儿包起来了, 很紧.

(43)은 감각 대상이 내부는 견고한 상태를 유지하고 있다 하더라도 그것이 표면에 나타나 있지 않는데 이때 '굳다'는 쓰이지 않는다. '단단하다'는 외부의 힘이나 작용에 의해서 그 모양이나 구조가 쉽게 변하지 않는 어떤 물체나 물질의 속성을 뜻한다. 그리고 견고한 상태가 외부로는 드러나지 않고 내부에 은폐되어 있는 경우에도 쓸 수 있다.

다음 (44)에서 '딱딱하다'와의 차이점을 통해서 '굳다'의 의미를 더 구체적으로 살펴보자.

(44) a. 떡이 {딱딱하다, 굳다}./糕硬梆梆.
　　 b. {*굳는 딱딱한} 나무 의자/硬梆梆的木头椅子
　　 c. 그 베개는 너무 {*굳다, 딱딱하다}./那个枕头太硬了.

(44a)의 감각부위는 손 혹은 입안인데 이때 '딱딱하다'와 '굳다'는 다 어울릴 수 있다. (44b)의 감각부위는 엉덩이, (44c)의 감각부위는 머리라고 볼 수 있는데 이때 '딱딱하다'만이 자연스러우며 '굳다'가 어울리면 자연스럽지 못하다. '굳다'는 보통 '손'과 '입'으로만 감각을 느낄 때 사용되는 것으로 보인다. 그러나 중국어 '硬, 硬梆梆'은 이런 감각부위의 제한을 받지 않는 것으로 보인다.

:: 무르다/软

(45) a. 밀가루 반죽이 무르다./面和得软.
　　 b. 위가 나을 때까지 무른 음식을 주로 드세요./
　　　　 到胃病痊愈为止, 主要吃些软的吧.

c. 비가 온 뒤라 땅이 무르다./雨后土地疏松.

‘무르다/軟’의 대상인 (45a)의 ‘반죽’, (45b)의 ‘음식’은 ‘물기가 많으며 단단하지 않다’로 이해할 수 있다. (45c)는 감각대상이 ‘땅’인데 이때 중국어는 ‘軟’이 쓰이지 못하고 ‘疏松’이란 단어가 쓰이는 것이 적합하다. 여기서도 중국어가 대상의 제한을 받음을 알 수 있다.

:: 미끄럽다/滑, 光滑

> (46) 눈길이 하도 미끄러워 몇 번 넘어졌다./因为有雪的路太滑了摔了几次.
> 계단이 미끄러우니 넘어지지 않게 조심하세요./阶梯很滑, 小心摔倒.

(46)에서 보다시피 ‘미끄럽다’는 주로 인체에서 발부분이 다른 사물과의 접촉에서 느끼는 감각형용사인데 그것은 ‘거침없이 저절로 밀려나갈 정도로 번드럽다’는 의미를 나타내며 그 감각가치는 부정적이다.

다음에 ‘매끄럽다’와의 차이점을 통해 ‘매끄럽다’의 의미를 구체적으로 살펴보자.

> (47) 목욕을 하고 나니 피부가 한결 {매끄러웠다, *미끄러웠다}./
> 洗完澡后, 皮肤更加光滑.
> 수박은 겉이 {매끄러우며, *미끄러우면서} 두드려 보아 맑은 소리가 나는
> 것이 좋다./皮光滑, 一敲就响清脆的声音的西瓜才好.
> 자장면 면발이 참 {매끄럽다, *미끄럽다}./炸酱面真滑

(47)에서 보다시피 ‘매끄럽다’는 손과 접촉하거나 혹은 입으로 음식물을 먹을 때 느끼는 감각이다. 그리고 그 감각은 보통 흡족한 느낌

을 주므로 긍정적이라 할 수 있다. 이때 '미끄럽다'가 쓰이면 자연스럽지 못하다. 이것은 '매끄럽다'의 감각부위는 주로 '손'과 '입'이 될 수 있고 그 감각가치가 [＋긍정]이나 '미끄럽다'는 그렇지 않다는 것을 의미한다. 그러나 중국어 '滑, 光滑'은 접촉부위의 제한을 받지 않으며 감각가치는 긍정일 수도 있고 부정일 수도 있다.

3.5.2. 온도감각

온도형용사는 환경과 기후 조건에 따라 또는 온도의 높낮이에 따라 그 감각 상태와 정도를 표현하는 형용사라고 할 수 있다. 온도는 피부로 감각되는데 우선 이러한 감각이 피부에서 어떠한 감각양상을 보이는가에 대해 관심을 둔다. 특히 피부에서 온도를 감지할 때 감각되는 부위, 감각을 유발시키는 대상의 성질, 감각의 가치, 감각이 발생하는 장소 등을 중심으로 본고에서 연구 대상으로 삼은 온도형용사들이 가지는 기본적인 의미를 고찰하고자 한다. 그런데 기본적 의미를 파악하는 데 있어서 4가지 기준이 설정된 것은 온도어들이 기본적으로 촉각에 해당하는 감각에 사용되는 단어들이기 때문이다. 따라서 피부감각과 관련하여 온도어의 기본적 의미를 규명하는 데 있어서 이 4가지 기준이 일관하게 적용될 수 있다. 여기서 기본적 의미란 구체적인 피부감각과 관련된 의미이다.

온도형용사는 크게 [＋냉감]류 온도어와 [＋온감]류 온도어로 대별될 수 있다. 본 장에서 [＋냉감]으로는 '춥다/冷', '차갑다/凉', '서늘하다/凉颼颼', '쌀쌀하다/凉颼颼', '시원하다/凉快, 凉爽' 등의 온도형용사를, [＋온감]으로는 '덥다/熱', '따뜻하다/暖和', '뜨겁다/烫', '훈훈하다/暖烘烘', '후텁지근하다/悶熱' 등을 대상으로, 그 의미를 규명하고자 한다.

3.5.2.1. 冷感類 온도형용사

:: 춥다/冷

> (48) a. 오늘은 날씨가 춥다./今天天气冷.
>   날씨가 추우니까 몸 조심해라./天气冷, 多注意身体.
>   b. 춥고 배고파서 집으로 간다./因为又冷又饿, 所以回家.

(48)에서 '춥다/冷'은 감각의 양상이 '전체성'을 띤다. 즉 몸 전체로 감지되는 양상을 보인다. 그리고 이러한 생리적인 온도감각은 기후와 관계가 있고, 기체인 공기를 통해서 느껴진다. 그리고 감각방향은 [＋내향적]이다.

이러한 감각에 대한 반응은 대체로 부정적이다. 특히 (48b)예문에서 '춥다'와 '배고프다'의 결합이 자연스러운 이유는 '춥다'가 '수축성'과도 관계가 있기 때문이다. (48a)도 각각 수축적이며 그 감각가치는 [＋부정]의 의미 속성을 지니고 있다.

> (49) 갑자기 추운 느낌이 드는데, 감기가 오려나?/
>   突然觉得冷, 是不是要感冒了啊?

(49)에서 느끼는 '추위'는 외향적이며 감각가치는 역시 '부정적'이다.

이상에서 살펴본 바와 같이 '춥다/冷'의 감각부위는 [＋전체]의 양상을 보이며, 주체에서 감각되는 느낌은 [＋부정]의 속성을 띤다. 그리고 방향성에 있어서는[±내향]의 속성을 지니는데, 이러한 감각이 기후와 관련된 것이라면 그 유발시키는 대상은 [＋기체]의 속성을 지니고 있다. 감각이 유발되는 장소는 [±실외]의 특성을 띤다.

:: 차갑다/凉

(50) a. 날씨가 차가워졌다./天气变凉了.
    b. 온돌방이 차갑다./炕凉.
    c. 강물이 차가워져서 수영을 할 수 없다./河水变凉了不能游泳.
    d. 차가운 물 한 잔 주세요./给我一杯凉水.

(50a)에서 '차가움'과 '凉'을 느끼는 감각부위는 [＋전체성]의 양상을 띤다. 그리고 이러한 감각을 일으키는 것은 기체인 공기이다. 그러나 **(50b)**에서 감각되는 부위는 부분적인데 그것은 대상이 고체의 속성을 지니고 있기 때문이다. **(50c)**에서는 감각을 유발시키는 대상이 액체이고 감각되는 부위는 역시 [＋전체성]의 양상을 띤다. **(50d)**에서는 감각을 발생시키는 대상이 액체의 속성을 지니며, 감각부위는 입 안으로서 부분적이다. 또한 감각이 주는 느낌은 **(50a, b, c)**가 '부정적'인 반면에 **(50d)**는 '긍정적'이다.27)

이러한 측면을 종합해 보면 '차갑다'와 '凉'은 감각부위가 [±전체]의 속성을 가지며, 감각을 유발시키는 대상은 [＋기체, ＋액체, ＋고체]의 속성을 다 띨 수 있다. 그리고 그 감각되는 느낌은 [±부정]의 속성을 지니며 감각을 느끼는 방향은 [＋내향]의 속성을 지닌다.

---

27) '차갑다'가 객관적으로는 [＋부정]의 감각 가치를 갖는다. 그러나 개별 상황이나 개인의 취향에 따라서는 주관적으로 [－부정]의 가치를 가지기도 한다.

대상이 [＋기체]일 때는 [＋실외]에서 감각되는 반면, 대상이 [＋액체, ＋고체]일 때는 [±실외]에서 감각된다.

:: 시리다[28)

(51) a. 영희는 시린 발을 구르고 있었다./英姬踩着发凉的脚.
　　　얼굴이 시리다 못해 굳어지는 것 같았다./脸冻得都要麻木了.
　　　찬물을 마셨더니 이가 시리다./喝了凉水牙齿发凉.
　*b. 강추위로 온몸이 시려왔다./寒冷使全身发凉.

(51a)에서 '시리다'는 '발'과 '얼굴', '이'29) 등 신체의 일부분에서만 감각되는 자극이다. (51b)가 비문인 이유는 감각대상이 '온몸', 즉 '전체성'을 띠기 때문이다. 이처럼 '시리다'는 감각 부위에 있어서 '부분성'의 양상을 보이며 감각대상은 '피부'의 의미 속성을 띠게 된다.

'냉각성'의 의미 속성을 지닌 '차다, 춥다'와의 의미양상을 통해서 '시리다'의 의미 속성에 가까이 접근해 보자.

(52) a. 경수는 {찬, 시린, *추운} 손을 주머니에 넣었다.
　　 b. {찬, *시린, *추운} 물로 세수를 했다.
　　 c. (찬, *시린, 추운) 날씨에 몸조심해라.

(52a)에서 '춥다'가 허용될 수 없는 것은 '춥다'의 감각부위가 '전체

---

28) '시리다'는 '몸의 한 부분이 찬 기운으로 인해 추위를 느낄 정도로 차다'로 해석되는데 『뉴밀레니엄韓中사전』(2002, 진명출판사)을 찾아보면 '시리다'를 '冻' 혹은 '冷'에 해당한다고 하고 있다. 그러나 '冻'은 한국어의 '얼다', '冷'은 '춥다'에 해당하는 의미이다. 그러므로 '시리다'의 의미는 중국어에서 빈자리로 남아 있다고 할 수 있다.

29) 습관적으로 '이가 시리다'라고 하지만 실제로 '시리다'가 감각되는 부위는 '치아'와 접해 있는 '잇몸'이다. 그리고 '잇몸'도 '피부'의 속성을 지닌다.

성'의 양상을 띠고 있어 신체의 일부분인 '손'과는 공기관계를 맺을 수 없기 때문이다. (52b)에서 '시리다'와 '춥다'가 '물'과 공기관계를 맺을 수 없는 것은 그것들의 감각유발대상이 [+기체]의 속성만 가지기 때문이다. (52c)에서도 '춥다, 차다'가 객관적인 '날씨'를 통해서 감각되는 반면 '시리다'는 자신의 손에서 직접적으로 느끼는 감각이기 때문에 '시리다'는 날씨와 공기관계를 맺을 수 없으며 수식할 수도 없다.

∷ 서늘하다/凉快,30) 阴凉

(53) a. 서늘한 가을바람이 불어온다./吹来了凉快的秋风.
      9월이 되니 날씨가 서늘하다./到了九月, 天气凉快.
    b. 이 음식은 서늘한 곳에 보관해야 한다./
      该食物应于{阴凉, *凉快}处存放.

(53a)에서 '서늘하다/凉快'는 몸 전체적으로 감각되는 양상을 띤다. 그리고 이러한 전체적인 감각을 유발시키는 대상인 '바람, 날씨'는 '기체'의 성질을 띠고 있다. 그런데 이러한 느낌에 대한 가치는 개인이나 상황에 따라 달라질 수 있으나 대체로 긍정적으로 감각된다. (53b)는 햇볕이 제거된 상태의 그늘진 환경 상태를 나타낸다. 그리고 이러한 환경은 여기에 맞는 온도와 함께 바람을 통해서 유지된다. 또한 습도도 적당해야 하고 공간은 대체로 개방되어 있어야 하며, 그 목적은 대상의 변질 방지에 있다. 여기서 '서늘하다'는 대상에 대해서 전체적인 환경으로 작용하는데, 이처럼 전체적인 환경으로 작용해야만 앞서 언급한 '대상의 변질 방지'라는 목적이 달성될 수 있다. 그러

---

30) 중국어 '凉快'는 한국어 '시원하다'에 대응되는 의미도 가지고 있다.

나 중국어에는 햇볕이 제거된 상태의 그늘진 환경 상태를 나타내는 형용사 '陰凉'이 따로 존재한다.

'서늘하다/凉快'는 감각부위가 [+전체]의 양상을 띤다. 또한 감각은 [+기체]의 성질을 지니고 있는 대상에 의해서 유발된다. 감각에 대한 가치는 유쾌하거나 불쾌한 느낌이 상황에 따라 달라질 수 있으므로 [±긍정]의 속성을 지닌다. (53a)에서 '서늘하다'는 [+실외]에서 감각되는 반면, (53b)에서 '서늘하다'는 [−실외]에서 감각된다.

:: 쌀쌀하다/凉颼颼

(54) 시월이 되니 아침저녁으로 날씨가 꽤 쌀쌀하다./
到了十月, 早晚天气凉颼颼的.
오늘은 바람이 쌀쌀하다./今天风凉颼颼的.

(54)에서 '쌀쌀하다'는 몸 전체에서 감각되는 느낌으로 기본온도에서 '서늘하다'보다 더 (−)온도 수축적이다. 감각을 유발시키는 대상인 '날씨'와 '바람'은 '기체'의 속성을 지니고 있는 것들이다.

(55) *방 안이 쌀쌀하다./*房间里凉颼颼的.

(55)가 성립되지 않는 것은 '쌀쌀하다', '凉颼颼'는 실내에서 감각되지 못하는 느낌이므로 실외에서만 감각된다. 또한 신체 [+전체]로 감각되는 느낌이다. 그리고 이러한 감각을 유발시키는 것은 [+기체]의 속성을 지니는데 특히 이 [+기체]의 속성은 [+실외]에서만 조성 가능하다. 그리고 이 감각은 [+부정]의 감각가치를 갖는다.

:: 시원하다/凉爽, 凉快

(56) a. 비가 와서 바람이 시원하다./因为下了雨, 风很{凉快, 凉爽}.
    b. 시원한 물 한 잔 주시오./给我一杯{凉爽, *凉快}的水.
    c. 참대로 된 매트가 정말 시원하다./竹凉席真{凉快, *凉爽}.

(56a)에서 '시원하다', '凉快/凉爽'의 감각부위는 전체적인 데 비해 (56b, c)는 부분적이다. 그리고 감각을 유발시키는 대상도 (56a)에서는 기체인 데 반해 (56b)에서는 액체이며 (56c)에서는 고체이다. 중국어는 감각부위가 부분, 특히 입안일 때, 그리고 감각을 유발시키는 대상이 액체일 때 '凉爽'을 사용하는 것이 자연스러우며, 감각부위가 피부의 일부분이고 감각을 유발시키는 대상이 고체일 때 '凉快'가 더 적합하다.

(56)에서 '시원하다', '凉快', '凉爽'은 마음에 드는 느낌을 주는 감각으로 온도가 낮되, 춥거나 차지 않아서 몸 전체로든 부분으로든 견디기에 적당하게 좋은 정도로 낮게 느끼는 긍정적인 가치를 지니는 감각이다. '시원하다', '凉爽', '凉快'는 객관적인 상황은 물론이고 주관적인 상황에서도 일관하게 긍정적인 감각가치를 보유한다.

'시원하다', '凉快', '凉爽'은 감각부위에 있어서 [±전체]의 특성을 띠며, 감각을 유발시키는 대상은 '시원하다', '凉快'는 [＋기체, ＋고체, ＋액체]의 성질을 가지며 '凉爽'은 [＋기체, ＋액체]의 성질을 가진다. '시원하다', '凉快', '凉爽'이 가지는 온도어로서의 가치는 어느 경우에도 항상 [＋긍정]이며, 감각은 [±실외]에서 발생한다.

이상에서 서술한 韓·中 냉감류 온도형용사의 기본의미를 도표로 표시하면 다음과 같다.

표 7. 韓・中 냉감류 온도형용사의 기본의미 양상

어휘	감각부위	감각유발대상	감각가치	감각유발장소	감각유발방향
춥다	[+전체]	[+기체]	[+부정]	[±실외]	[±내향성]
冷	[+전체]	[+기체]	[+부정]	[±실외]	[±내향성]
차갑다	[±전체]	[+기체, +액체, +고체]	[±부정]	[±실외]	[+내향성]
凉	[±전체]	[+기체, +액체, +고체]	[±부정]	[±실외]	[+내향성]
시리다	[+부분]	[+액체, +기체]	[+부정]	[±실외]	[+내향성]
서늘하다	[+전체]	[+기체]	[+긍정]	[±실외]	[+내향성]
陰凉	[+전체]	[+기체]	[+긍정]	[±실외]	[+내향성]
쌀쌀하다	[+전체]	[+기체]	[+부정]	[+실외]	[+내향성]
凉颼颼	[+전체]	[+기체]	[+부정]	[+실외]	[+내향성]
시원하다	[±전체]	[+기체, +액체, +고체]	[+긍정]	[±실외]	[+내향성]
凉快	[±전체]	[+기체, +액체, +고체]	[+긍정]	[±실외]	[+내향성]
凉爽	[±전체]	[+기체, +액체]	[+긍정]	[±실외]	[+내향성]

3.5.2.2. 溫感類 온도형용사

:: 덥다/热

(57) 창문이 닫혀 있어 방 안이 덥다./因为窗户是关着的, 所以屋子很热.
　　 날씨가 덥다./天气热.

   (57)에서 '덥다/熱'은 몸 전체적으로 감각되는 느낌인데 기체인 공기의 작용으로 '방 안'과 '날씨'가 '덥다'는 것을 느끼게 된다. 이러한 감각은 감각을 느끼는 주체에게 부정적인 작용을 한다. 다른 [+온감]류 어휘들에 비해서 '덥다/熱'은 '땀'을 발생시키기도 한다. '덥다'는 '춥다'와 기본온도의 차이가 상반된다는 것 이외에는 전체적인 감각의 부위, 불쾌한 감각의 가치 등 측면에서 대체로 '춥다'와 양상이 동일하다.

(58) a. 선풍기에서 {*추운, 더운}바람이 나온다./电风扇里出来{*?冷, 热}风.
아버지께 {*추운, 더운}밥을 드려라./给父亲盛{*冷, 热}饭吧.
b. 오늘 같은 날에는 {*추운, 더운}국물이 제격이지./
像今天这样的日子, 应该喝{*冷, 热}汤.
c. 세수하게 {*추운, 더운}물 좀 주세요./给我点洗脸的{*冷, 热}水吧.

(58)에서 '춥다/冷'의 감각부위는 전체적인 반면에 '덥다/熱'은 (58a)
에서 부분적으로 감각된다. '덥다'는 감각범위가 [+전체]의 양상을
띨 때 [+부정]의 감각가치를 가진다. '덥다/熱'이 [+부분]의 감각양
상도 보이는데 감각을 유발시키는 대상이 [+기체]의 성질을 가질 때
이 감각은 [+부정]의 성질을 가지며, 감각대상이 (58b)에서처럼 [+음
식]이거나 (58c)와 같이 [+액체]일 때는 [+긍정]의 가치를 가지기도
한다. 감각 유발 장소는 [±실외]의 특성을 띤다.

:: **따뜻하다/暖和**

(59) a. 5월이 되니 날씨가 따뜻하다./到了5月, 天气暖和了.
b. 따뜻한 목욕물에 몸을 담그면 피로가 사라진다./
把身子泡在热乎的水里, 就能解除疲劳.
c. 따뜻한 물에 세수해라./用热乎的水洗脸吧.
d. 요리가 따뜻하여 먹기에 알맞다./菜还热乎着呢, 正好吃.

(59a)에서는 날씨, 즉 기체가, (59b)에서는 물, 즉 액체가 감각을 발
생시키는데 그 감각부위는 몸 [+전체]이다. (59c, d)는 감각부위가 부
분적인데 감각을 유발시키는 대상은 (59c)는 액체이고 (59d)는 고체라
볼 수 있다. 따라서 전체적인 감각은 기체나 액체를 통해서 이루어지
고 부분적인 감각은 액체나 고체를 통해서 이루어진다. (59a~c)들에

서 '따뜻하다'와 '暖和', '熱乎'는 모두 긍정적인 감각 가치를 가진다. 그러나 중국어에서 날씨에는 주로 '暖和', 사용하는 물과 음식에는 '熱乎'가 사용되는데 이것은 이런 형용사들이 대상에 대한 선택적 제약의 특성을 가지기 때문이다.

'따뜻하다'는 감각부위가 [±전체]의 양상을 띠며, [+기체, +고체, +액체]의 성질을 가지는 대상에서 발생한다. 단 대상이 [+기체]인 경우에는 감각부위가 [+전체]로 작용하지만 [+고체]인 경우에는 [+부분]이 된다. [+액체]일 때는 [±전체]로 감각된다. '暖和'는 감각부위가 [+전체]의 양상을 띠며, 감각대상이 [+기체]의 성질을 띤다. '溫乎'는 감각부위가 [-전체]의 양상을 띠며 보통 [+액체, +고체]의 성질을 가지는 대상에서 감각이 발생한다. '熱乎'도 감각부위가 [-전체]의 양상을 띠며 보통 [+고체, +액체]의 성질을 가지는 대상에서 감각이 발생한다. '따뜻하다'와 '暖和', '溫乎', '熱乎'는 어느 경우에도 예외 없이 [+긍정]의 가치를 갖는다.

:: 뜨겁다/烫, 热

(60) a. 사우나 안이 너무 뜨거워서 오래 있을 수 없다./
　　　桑拿里面太热了. 不能多呆.
　　b. 목욕물이 너무 뜨겁다./洗澡水太烫了.
　　c. 뜨거운 물을 마시면 추위가 사라질 것 같다./
　　　喝点热水就不觉得冷了.
　　d. 솥뚜껑이 뜨거워 열 수가 없다./锅盖太烫了. 不能打开.

(60a)는 감각 부위가 전체적인 반면에 (60b~d)는 부분적이다. 감각 유발 대상에 있어서 (60a)는 기체의 성질을 띠고, (60b, c)는 액체의 성

질을 띠며 (60d)는 고체의 성질을 지닌다. (60b, c)는 동일한 액체이지만 그 감각부위가 다른데 (60b)는 감각발생 부위가 전체적이고 (60c)는 감각부위가 부분적이다. ‘뜨겁다’의 정도가 피부로 접촉하기 어려울 경우에 중국어는 ‘燙’을 쓰고 뜨거우나 피부로 접촉할 수 있는 정도에 중국어는 ‘熱’을 쓴다. 그러니 ‘燙’은 ‘熱’보다 더 (+)온도이다.

‘뜨겁다’는 대체로 감각가치가 부정적이지만 구체적인 상황 혹은 감각부위가 부분적일 때 긍정적인 가치를 가지기도 한다. ‘燙’은 그 감각가치가 언제나 [+부정]이지만 ‘熱’은 상황에 따라 긍정적인 가치를 가지기도 한다.

‘뜨겁다’는 [±전체]의 양상을 보이는데 감각을 유발시키는 대상이 [+액체]인 경우에는 [±전체]로 나타나며 [+고체]인 경우에는 [+부분]로 적용한다. 이 감각은 [±긍정]의 감각 가치를 가진다.

:: 훈훈하다/暖烘烘

(61) 훈훈한 바람이 불어온다./吹来了暖烘烘的风.
　　 날씨가 훈훈하다./天气暖烘烘.
　　 집 안이 훈훈하다./屋子里暖烘烘.

(61)에서 ‘훈훈하다’, ‘暖烘烘’의 감각부위는 전체적임을 알 수 있다. 그리고 다른 온도어와는 달리 대상이 ‘기체’의 성질을 지닐 때에만 감각되는 느낌이다. 그리고 ‘햇볕’ 없이 공기나 바람만으로 감각될 수 있으며 이러한 감각은 어느 경우에도 긍정적인 감각가치를 가진다.

(62) *목욕물이 훈훈하다./*洗澡水暖烘烘.
　　*방바닥이 훈훈하다./*炕暖烘烘.

(62)에서 볼 수 있듯이 대상의 속성이 '액체'나 '고체'일 때는 '훈훈하다', '暖烘烘'의 감각이 유발되지 않는다.

'훈훈하다', '暖烘烘'은 감각부위가 [＋전체]의 양상을 띠며, 감각을 일으키는 대상은 [＋기체]의 성질만을 가진다. 또한 객관적인 상황은 물론이고 주관적인 상황에서도 항상 [＋긍정]의 감각가치를 갖는다, 감각이 유발되는 장소는 [±실외]의 양상을 보인다.

:: 후덥지근하다/悶热

(63) 날씨가 후덥지근한 걸 보니 비가 오려는가 보다./
　　天气这么悶热, 可能要下雨了.
　　난 후덥지근한 여름날이 싫다./我不喜欢悶热的夏日.

(63)에서 '후덥지근하다/悶熱'이 감각되는 부위는 전체적이다. 그리고 그 감각유발대상은 기체인데, 그 기체는 많은 수증기를 함유하여 높은 습도를 가지고 있다. '높은 온도＋높은 습도'로 조성된 '날씨'는 감각 주체에게 불쾌감을 발생시킨다. 이 감각도 실내에서는 형성되지 않으며 주로 실외에서만 감각되는 느낌이다.

'후덥지근하다/悶熱'은 감각부위가 [＋전체]의 양상을 띠며, [＋기체]에 의해서만 감각이 유발되는데 이 [＋기체]는 [＋수증기]의 성질을 가지고 있다. 이 감각은 [＋실외]에서만 나타나며 감각가치는 어느 경우나 [＋부정]의 특성을 지닌다.

:: 화끈하다/火辣辣

(64) a. 집 안이 더우니까 손과 얼굴이 화끈하다./
由于屋里热，手和脸是火辣辣的.
b. 긴장하니까 얼굴이 화끈하다./因为紧张，脸火辣辣的.

'화끈하다/火辣辣'은 뜨거운 기운을 받아 갑자기 달아오르는 느낌이 드는 형용사이다. 이 감각은 주로 피부에서 느껴지며 감각의 지속 정도는 '순간성'의 양상을 띤다고 할 수 있다. 그리고 감각의 부위는 대부분 부분적이다. '화끈하다'는 피부에서 느껴지는 감각이므로 피부가 옷이나 그 밖의 다른 것으로 차단되어 있는 상태에서 자극 받을 가능성이 없다. 따라서 우리 신체 가운데서 피부가 그대로 노출되는 부위는 얼굴과 손이므로 '화끈하다'라는 감각은 얼굴과 손에서 가장 빈번하게 나타난다. 물론 이때의 자극 방향은 [+내향성]의 양상을 보인다. 감각은 [+기체]에 의해서 유발하게 된다. 그러나 (64b)에서의 감각은 심리적인 작용에 의해서 느끼는 감각인데 이때 자극의 방향은 [+외향성의 양상을 보이며 감각은 [+심리작용]에 의해서 유발하게 된다.

이상에서 서술한 韓·中 온감류 형용사의 기본의미 양상을 도표로 표시하면 다음과 같다.

어휘	감각부위	감각유발대상	감각유발장소	감각가치
덥다	[±전체]	[+기체, +액체]	[±실외]	[±긍정]
热	[±전체]	[+기체, +액체]	[±실외]	[±긍정]
따뜻하다	[±전체]	[+기체, +액체, +고체]	[±실외]	[+긍정]
暖和	[±전체]	[+기체, +고체]	[±실외]	[+긍정]
뜨겁다	[±전체]	[+기체, +액체, +고체]	[±실외]	[±긍정]
烫	[±전체]	[+기체, +액체, +고체]	[±실외]	[±긍정]
훈훈하다	[+전체]	[+기체]	[±실외]	[+긍정]
暖烘烘	[+전체]	[+기체]	[±실외]	[+긍정]
후덥지근하다	[+전체]	[+기체]	[±실외]	[+부정]
闷热	[+전체]	[+기체]	[±실외]	[+부정]
화끈하다	[±전체]	[+기체], [심리작용]	[±실외]	[±긍정]
火辣辣	[±전체]	[+기체], [심리작용]	[±실외]	[±긍정]

3.5.3. 통각

통각형용사는 인체의 부분이나 전체에서 아픔 등의 느낌을 표현하는 형용사이다. 사람의 몸은 전체적으로 아픔을 느낄 때도 있고, 부분적으로 아픔을 느낄 때도 있지만 부분적으로 아픔을 느낄 때가 많다. 그리하여 '아픔'의 부위와 양상에 따라 형용사가 결정된다. 통각 의미를 나타내는 형용사는 [+아픔]의 의미가 부여된다.

여기서는 통각어의 의미 양상을 고찰하는 것을 목적으로 한다. 통각형용사의 의미 규명에는 대체로 '감각대상', '감각부위', '감각방향', '감각지속 정도' 등의 분석기준이 공통으로 적용될 것이다.

통각적 감각은 주로 피부에서 느껴지지만 피부 이외의 신체에서도 감지될 수 있는지에 대해서도 관심을 가지고 논의를 진행해 나갈 것이다. 그리고 감각부위 정도의 차이도 통각어의 의미를 파악하는 데 중요한 단서가 되므로 이 특성에 대해서도 살펴볼 것이다. 통각의 감각적 자극이 그 방향에 있어서는 어떠한 차이를 보이는지, 또한 감각의 지속 정도에 있어서는 어떤 변별적인 특성이 있는지에 대해서도 살펴보고자 한다. 이러한 특성들의 차이는 곧 이들 통각형용사의 의미 차이가 된다고 할 수 있다.

:: 가렵다/痒

(65) a. 몸이 가려워 밤새 잠을 못 잤다./由于身上痒, 一晚上没睡好觉.
    b. 상처가 나을 때는 더 가렵다./伤口快好的时候更痒.

(65)에서 '가렵다/痒'의 대상은 '피부'의 의미 속성을 지니고 있다. 그리고 자극의 지속 정도는 [＋지속성]의 양상을 보인다. '가렵다/痒'의 자극방향은 [＋외향성]의 양상을 띠고 있다. (65a)에서 감각부위가 [＋전체]인 반면 (65b)에서는 [＋부분]의 양상을 보인다.

(66) a. 눈이 가려워 안과에 갔다./因为眼睛痒, 去了眼科医院.
    b. 귓구멍이 가려운 걸 보니 누가 날 욕하는가 보다./
       耳朵痒, 是不是有人骂我啊.
       알레르기성 비염은 코가 가려운 증상을 보인다./
       过敏性鼻炎有鼻子痒的症状.

(66a)의 '눈'에서 느끼는 자극은 '장기'에서 감각되는 느낌이다. (66b)에서 느끼는 자극은 '콧속'과 '귓속'의 '피부'에서 느껴지는 감각이다.

(67) a. 간지러운 봄바람이 불어왔다./吹来了{*痒痒的, 柔和的}春风.
　　　b. 간지러운 겨울바람이 불어왔다.
　　*c. 가려운 봄바람이 불어왔다.

(67a)에서 '간지럽다'는 '부드러움'의 감각을 느낄 수 있는 자극이다. 그러나 '痒'은 '부드러움'의 의미를 갖고 있지 않기에 중국어 번역문은 비문이 된다. (67b)가 어색한 이유는 차가운 '겨울바람'이 주는 자극이 자극을 느끼는 주체에게 부드럽게 느껴질 수 없기 때문이다. 즉 '가렵다'는 가려움을 유발시키는 대상이 대체로 [+부정]의 속성을 지니는 반면, '간지럽다'는 그 자극유발 대상이 대체로 [+긍정]의 속성을 지니고 있다. '겨울바람'과는 달리 '봄바람'은 그것을 느끼는 주체에게 긍정적으로 작용하게 된다. 이러한 측면에서 '가렵다'와는 달리 '간지럽다'는 [+긍정]의 의미자질을 내포하고 있는 단어이다.

:: 시큰하다/酸痛

(68) 발목이 시큰해서 침 맞으러 간다./因为脚脖子酸痛, 去扎针灸.

'시큰하다/酸痛'은 (68)에서처럼 주로 뼈마디, 구체적으로 예를 들면 '손목, 발목, 무릎, 손마디, 허리' 등에서 순간적이고 급작스럽게 느껴지는 통증으로 뼈마디가 저리고 시린 경우에도 느낄 수 있는 감각이다. '시큰하다/酸痛'은 그 감각부위가 [부분]이고, 감각방향은 [외향성]의 양상을 보이며, 감각 지속 정도는 [순간성]의 양상을 보인다.

:: 쓰리다[31]

> (69) a. 상처가 불에 덴 듯이 쓰리고 아프다./伤口像被火烫了似的刺痛.
>   b. 술을 마신 그 다음 날은 꼭 속이 쓰리다./喝完酒的第二天肯定烧心.

'쓰리다'는 통증을 유발하는 자극이다. 그런데 자극을 받는 대상에 있어서 (69a)와 (69b)는 차이를 보이고 있다. (69a)에서는 '쓰리다'의 대상이 '피부'인 반면 (69b)에서 '쓰리다'는 감각대상이 '위장'이다. 그런데 이러한 양상은 자극방향에 있어서도 서로 다른 양상을 띤다. (69a)에서 '쓰리다'는 외부적인 자극에 의해 유발되므로 [＋내향성]의 속성을 가지지만 (69b)에서는 [＋외향성]의 속성을 가진다. 그러나 자극부위는 모두 [＋부분]이다. 또한 감각의 지속 정도에 있어서도 (69a, b)는 모두 [＋지속성]의 양상을 보인다.

이상에서 서술한 韓·中 통각형용사의 기본의미 양상을 도표로 표시하면 다음과 같다.

표 9. 韓·中 통각형용사의 기본의미 양상

어휘	감각대상	감각부위	감각방향	감각지속 정도
가렵다	[＋피부][＋장기]	[±전체]	[＋외향성]	[＋지속성]
痒	[＋피부][＋장기]	[±전체]	[＋외향성]	[－지속성]
시큰하다	[＋골격]	[＋부분]	[＋외향성]	[＋순간성]
酸痛	[＋골격]	[＋부분]	[＋외향성]	[＋순간성]
쓰리다	[＋피부][＋위장]	[＋부분]	[±외향성]	[＋지속성]

---

31) 『뉴 밀레니엄 韓中사전』(2002)에서 '쓰리다'를 찾아보면 중국어로 아픈 상태가 바늘로 찌르는 듯이 아프다고 설명할 뿐 그 의미에 대응하는 단어를 제시하지 않고 있다.

3.6. 요약

3장에서는 韓·中 감각형용사의 기본의미 대응 양상을 살펴보았다. 한 언어와 다른 한 언어를 대조하여 나가다 보면 한 언어의 단어 하나가 점유하고 있는 의미영역이 다른 한 언어에서도 한 개의 단어에 의하여 점유되어 있는 일대일 대응의 경우가 있는 반면, 한 언어에서는 한 개의 단어에 의하여 점유되어 있는 의미 영역이 다른 언어에서는 두 개 이상의 단어에 의하여 점유되는 일대다 대응의 경우도 있고 반대로 다대일 대응의 경우가 있기도 하다. 또한 어떤 언어에서는 어떤 개념을 표현하는 단어가 존재하는데, 어떤 언어에는 그 개념을 표현하는 단어가 빈자리로 남아 있는 경우도 있다.

韓·中 시각형용사의 기본의미에서 광선의미를 가지고 있는 형용사는 韓·中 양 언어가 고정적으로 일대일 대응을 이루는 것이 아니라 광선의미의 형용사와 호응관계를 맺는 대상이 공간이냐 단순한 빛을 내는 물체냐에 따라 적합한 형용사가 선택되어야 한다.

색채 의미의 형용사들 중 '검다/黑', '희다/白', '붉다/紅', '누르다/黃' 등은 일대일의 대응을 이루고 있지만 한국어 '푸르다'에는 중국어 '藍'과 '綠'이 대응되므로 일대다의 대응관계를 이루고 있다. 공간 의미의 형용사들도 그 기본의미에서 韓·中 양 언어가 거의 다 일대일의 대응관계를 이루고 있지만 구 모양의 동그란 물체의 부피를 나타내는 한국어 '굵다/잘다'의 의미에 대응하는 중국어는 빈자리로 남아 있으며 또 한국어 '모나다'는 각이 몇 개인 것과 상관이 없지만 중국어 '方'은 평면 위에서 각이 네 개인 것만을 가리킨다.

韓·中 후각형용사의 기본의미에서 '비리다/腥', '지리다/臊', '구리다/臭', '노리다/膻' 등은 일대일의 대응을 이루고 있지만 한국어 '향기롭다, 고소하다, 구수하다' 등 단어에는 중국어 단어 '香' 하나가 대응을 이루므로 다대일의 대응관계를 이루고 있다.

韓·中 미각형용사는 그 기본의미에서 대체적으로 일대일의 대응 양상을 보이고 있다.

韓·中 청각형용사는 그 기본의미에서 언제나 일대일의 고정적인 대응을 이루는 것이 아니라 역시 호응하는 대상에 따라 적절한 단어를 선택해서 사용해야 한다.

韓·中 촉각형용사 가운데 표면촉각형용사늘도 거의 다 일대일의 대응을 이루고 있는데 '부드럽다'에 호응하는 대상이 피부일 때는 '細嫩', 입으로 고체물질의 부드러움을 느낄 때는 '嫩', 피부 또는 손으로 접촉하여 어떤 물질의 부드러움을 느낄 때는 '柔軟', 바람에는 '柔和' 등으로 그 대상에 따라 적합한 단어가 대응되어야 한다.

촉각형용사 가운데 온도형용사는 냉감류와 온감류로 대별된다. 韓·中 냉감류 형용사들도 대부분이 알대일의 대응을 이루고 있지만 한국어 '시리다'

에 대응하는 중국어 단어는 빈자리로 남아 있다고 할 수 있다. 그리고 '서늘하다'는 바람, 날씨, 햇볕이 제거된 그늘진 환경상태에 다 쓰일 수 있는데 중국어는 바람, 날씨에 '凉快', 햇볕이 제거된 그늘진 환경상태에는 '陰凉'으로 단어가 세분화되어 있다. 또한 중국어 '凉快'에는 한국어 '시원하다', '서늘하다'가 대응되므로 한국어와 중국어는 다대일의 대응을 이루고 있다.

韓·中 온감류 형용사들도 대부분이 일대일의 대응을 이루고 있지만 중국어 '熱'은 한국어 '덥다'와 '뜨겁다'에 다 대응된다고 할 수 있다. 그러나 '뜨겁다'의 정도가 너무 세서 피부나 혹은 입으로 접촉할 수 없을 정도에는 '燙'이 대응되며, 그 정도가 접촉할 수 있을 정도에는 '熱'이 대응된다.

총체적으로 볼 때 韓·中 감각형용사는 기본의미 양상에서 많은 공통점을 보이고 있다. 그러나 한국어의 일부 감각형용사가 중국어에서는 빈자리로 남아 있는 경우도 찾아 볼 수 있었으며 또한 한국어의 일부 감각형용사가 중국어에서는 세분화되었으므로 구체적 대상에 따라 어울리는 감각형용사가 다르게 나타나는 경우도 있었다.

PART 04

韓·中
감각형용사의
전이의미

새로운 사물이나 대상, 개념이 생겨날 때마다 새로운 단어를 만든다면 인간이 기억해야 할 단어의 수가 너무 방대해져 언어 사용에 엄청난 시간과 노력이 필요하게 될 것이다. 낱말은 본래 고유한 의미를 지니고 있지만, 다양한 문맥이나 상황에 사용되면서 의미확장이 일어난다. 그리하여 그 낱말의 기본적이고 전형적인 '원형의미'(prototype meaning)와, 파생적이고 전이된 의미인 '확장의미'(ext-ended meaning)를 중심으로 방사형의 범주를 이루게 된다. 그래서 인간은 인접성과 유사성의 인지능력에 의해서 기존 낱말의 의미를 유연하고도 창조적으로 확장해 나간다. 이렇게 전용된 어휘는 사용상의 문제로서만 다루어지는 것이 아니고, 때로는 새로운 어휘로 자리매김한 경우가 있다. 이러한 경우에 곧 다의어가 만들어지는 것이다.32) 韓·中 감각형용사의 경우 이러한 예가 흔한 것으로 보인다. 따라서 韓·中 감각형용사의 의미 전이 현상을 살펴보는 것은 양 감각형용사의 의미연구에 있어서 아주

---

32) 임지룡(1997:239)에서는 '인접성 인지능력'인 '환유(metonymy)와 '유사성 인지능력'인 '은유(metaphor)'의 의미확장 기제에 의해 의미확장이 일어난다고 하고 있다.

중요한 부분이라고 생각된다.

　의미의 전이는 일반적으로 본의로부터 파생되거나, 본의를 비유함으로써 형성된다. 때문에 '갑'이라는 사물을 지칭하던 단어를 '을'이라는 사물을 지칭하는 데 사용하기도 하며, 반대로 원래 '을'이라는 사물을 지칭하던 단어를 '갑'이라는 사물을 지칭하는 데 사용하기도 한다. 이와 같이 단어의 본의는 파생되어 새로운 의미를 형성한다. 그리고 만약 이렇게 파생된 의미가 사회에 전파되어 여러 사람이 사용하게 되면, 이 새로운 의미는 바로 전이의미가 된다.[33)]

　상호 다른 사물끼리 가끔 공동특징을 지닐 수 있기 때문에, 본래 '갑'이라는 사물을 지시하던 단어를 '갑'과 같은 공통특징을 지니고 있는 '을'이라는 사물을 지시하는 데 사용할 수 있다. 즉 '갑'을 지시하던 본의에 일종의 비유작용이 일어난 것이다. 이런 비유적 의미를 사회가 늘 습관적으로 사용하게 되면, 이 비유적 의미는 전의적 의미로 변하게 된다. 예를 들면 중국어에서는 원래 '보따리'라는 본의를 갖고 있는 '包袱(baofu)'가 '정신적인 부담'이라는 의미로 전의되었고, 중국어에서 '무너지다'는 본의를 갖고 있던 '崩'은 '사이가 나빠지다'로 전의되었는데 이것들은 모두 본의의 비유를 통하여 생성된 새로운 의미가 사회에 널리 사용되기 시작한 결과이다. 한국어에서 "사람이 유리나 사기그릇과 같이 단단한 성질을 가진 물체를 조각이 나는 상태가 되게 하다."라는 의미를 가지고 있는 동사 '깨다'는 '노랫소리가 조용한 분위기를 깨다'는 문맥에서 "사람이나 어떤 대상이 일정한 상태로 유지되던 것을 그렇지 못한 상태가 되게 하다."는 의미를 가지게 된다. 새롭게 생겨난 전의, 특히 비유로부터 형성된 전의는 일반적으

---

33) 자세한 내용은 유숙신 · 이행건(2003:66) 참조.

로 모두 形象性을 지니고 있다. 그러나 이러한 전의가 지닌 형상적 이미지는 세월이 지나면 쉽게 소멸되어 버리기도 한다. 예를 들면 중국어 '日'에는 낮과 하루라는 두 개 의미가 있다. 하지만 태양의 형상을 부각시키던 형상적 의미는 벌써 완전히 사라져 버렸다. 비유로부터 형성된 전이의미를 오래 사용하다 보면, 비유에 대한 신선함이 얇아져 더 이상 부각 작용이 일어나지 않게 되므로 형상적 이미지도 점차 사라지게 되기도 한다.

이 장에서는 韓 · 中 감각형용사의 공감각적 전이의미와 비유적 · 추상적 전이의미에 대해서 살펴보기로 하겠다.

4.1. 공감각적 의미전이

공감각이란 감관영역의 자극으로 하나의 감각이 다른 영역의 감각을 불러일으키는 현상이다. 원칙적으로 공감각적 전이는 하나의 감각이 다른 감각으로 전용된 것만을 의미한다(심재기, 1982:149).

여기서는 韓中감각형용사가 다른 감각으로 전이될 때, 전이된 형용사와의 결합에서 나타나는 제약과 전이의 유형을 살펴보고, 전이의 유형을 바탕으로 하여 공감각적 전이의 체계를 세우는 데 그 목적이 있다.

심재기(1982:150)에 의하면 공감각적 전이의 공시론적 현상은 작가가 새로운 창작 의도를 문맥 내에서 이전에 볼 수 없었던 은유로 추상화시킨 것으로서 그 문맥 내에서만 생명을 갖는 경우도 있고, 보다 일반화하여 일상의 언어 활동 가운데서 나타나는 경우도 많다고 한다.

4.1.1. 시각형용사

시각을 나타내는 말이 시각 외의 다른 감각을 표시하는 것을 시각
형용사의 공감각적 전이라 할 수 있다.

4.1.1.1. 광선의미

> (1) 밝은 소리/淸脆(淸亮)的声音
>   어두운 소리/低沉的声音

(1)은 광선의미의 시각형용사 '밝다', '어둡다'가 청각을 대표하는
속성 명사인 '소리'와 결합한 것인데, 이것은 직관적으로 가능한 표현
으로서 시각적 의미에서 청각적 의미로 전이된 것이라 할 수 있다. 그
러나 '밝다, 어둡다'의 기본의미에 대응되는 '亮, 暗'은 청각으로 전이
되지 않는다. 중국어에는 '聲音'이라는 대상에만 어울리는 단어 '淸脆
(淸亮), 低沉'이 존재하여 '밝은 소리', '어두운 소리'와 같은 의미를
나타낸다. 이로부터 광선의미에서 한국어는 청각으로 전이되나 중국
어는 청각으로 전이되지 않는다는 것을 알 수 있다.

> (2) a. 그는 밝은 색깔의 립스틱을 바르기 좋아한다./
>   他喜欢抹色彩鲜艳的口红.
>   b. 그는 어두운 보라색 옷을 입고 있었다./她身上穿着暗紫色的衣服.

(2)에서 한국어 예문은 광선의미를 갖고 있는 '밝다', '어둡다'가 색
채의미로 전이된 것인데, (2a)는 색깔에서 받는 느낌이 탁하지 않고

산뜻하다는 의미를 나타내며, (2b)는 광선이 부족하여 사물이 또렷하게 보이지 않는다는 '어둡다'의 기본의미가 빛깔의 느낌이 어둡고 침침하다는 색채의미로 전이된 것이다. '밝다'의 기본 의미에 대응하는 중국어 '亮'은 색채의미로 전이되어 쓰이지 않고 '鮮艶'이라는 형용사가 그 의미를 나타내고 있으며, '어둡다'의 기본의미에 대응하는 '暗'은 색채의미로 전이되어 쓰이고 있다. 시각형용사 중 광선의미를 가지고 있는 한국어 '밝다', '어둡다'는 청각으로 전이되나 중국어 '亮'과 '暗'은 청각으로 전이되지 않는다. 그리고 '밝다', '어둡다'는 원래 광선의미가 같은 시각 내의 색채의미로 전이되는데 중국어에서 '亮'은 전이되지 않고 '暗'만 색채의미로 전이된다.

4.1.1.2. 색채의미

(3) 부산까지 아직 까맣다./釜山还远呢.

(3)에서처럼 색채의미에 '검다' 계열의 형용사 '까맣다'가 공간적으로 '거리가 아득하게 멀다'는 의미를 나타내므로 시각 중의 색채의미가 공간의미로 전이된 것이다. 그러나 중국어 색채의미의 형용사는 공감각적인 전이현상을 보이지 않고 있다.

4.1.1.3. 공간의미

(4) a. 큰(작은) 소리로 말하세요./请大(小)声说话.
    b. 그는 목소리가 높다(낮다)./他的嗓音高(低).
    c. 그 남자는 목소리가 굵다(가늘다)./他的声音粗(细).

‘소리(音)’는 청각을 대표하는 속성 명사인데, (4a~c)에서 한국어 ‘크다/작다’, ‘높다/낮다’, ‘굵다/가늘다’가 ‘소리’와 결합하여 사용될 수 있음을 볼 수 있다. 그리고 그에 대응하는 중국어 ‘大/小’, ‘高/低’, ‘粗/細’도 중국어의 청각속성 명사 ‘聲/聲音’과 결합되어 사용될 수 있음을 알 수 있다. 그러므로 중국어의 공간의미를 나타내는 일부 형용사도 청각으로 전이된다고 할 수 있다.

소리는 대기 중의 어떤 물체가 외부의 자극을 받아 진동함으로써 일어나는 공기입자의 운동이다. 인간은 이런 공기의 진동이 귀에 전달될 때 소리를 의식하게 된다. 이러한 소리를 인식하는 기준으로 소리의 높이, 소리의 크기, 소리의 길이, 소리의 모양 네 가지가 있는데, 이 기준을 다른 말로 소리의 성질이라 한다. 여기서 소리의 크기를 소리의 강도라 하기도 하고, 소리의 모양을 음색이라 하기도 한다(박대웅, 1989:54~6).

(4a)에서 ‘크다/大’와 ‘작다/小’는 물체에 가해지는 충격이 셀 때나, 목에 가해지는 힘이 셀 때 나는 소리에 사용한다. 이러한 소리의 크기는 진폭이 결정하는데 진폭이 크면 소리가 커지고 진폭이 작으면 소리가 작아진다(김승곤, 1992:70). 그러므로 (4a)의 ‘크다/大’와 ‘작다/小’는 소리의 진폭이 큰가 작은가에 대응된 소리의 성질과 관련이 있다고 볼 수 있다.

(4b)의 ‘높다/高’와 ‘낮다/低’는 소리의 높이를 말하는데, 이러한 소리의 높이는 음파의 진동수에 의해 정해진다(박대웅, 1989:55). 진동수가 많으면 소리가 높고, 진동수가 적으면 소리는 낮아진다. 이것은 다음의 예문을 통해 확인할 수 있다.

(5) a. 나는 목소리가 높아서 (낮아서) 그 노래를 부르기에 알맞지 않다./
　　　因为我 的嗓音高(低), 不适合唱这种歌.
　　b. 피아노의 가장 높은(낮은) 음과 같은 소리를 내었다./
　　　发出了相当于钢琴的最高(低)음的声音.

(5a)와 **(5b)**의 '높다/高'와 '낮다/低'는 소리 진동수의 많음과 적음을 나타낸다. 그러므로 '높다/高'와 낮다/低'는 '크다/大'와 '작다/小'와 같은 성질을 나타내는 것이라 볼 수 없다. 그러나 실제 생활에서는 '높다/高'와 '낮다/低'가 '크다/大'와 '작다/小'와 쉽게 구별될 수 있는 것이 아니다.

(6) a. 너무 시끄러우니까 라디오 소리를 낮추어라./
　　　太嘈了, 把收音机的声音调低(小)点儿.
　　b. 갑자기 높은 울음소리를 내기 시작했다./突然发出了很大(*高)的哭声.
　　　흥분하여 높은 소리로 이야기했다./兴奋得(*高)大声说了话.

(6a)의 경우에 '낮다/低'는 '작다/小'에 가까운 것 같다. 그런데 **(6b)**의 경우에는 한국어 '높다'는 소리의 크기인지 소리의 높이인지 쉽게 단정할 수 없지만 중국어에서는 소리의 크기만을 나타내고 있다.

'크다/大', '작다/小', '높다/高', '낮다/低', '굵다/粗', '가늘다/細'와 같은 공간의미의 형용사들이 청각으로 전이될 때 그것들은 구체적인 대상물과 결합하면 청각과 관계가 없는 기본적인 의미로 사용되므로 반드시 대상물이 가지는 속성인 '소리'와 결합되어야만 전이가 될 수 있다.

공간의미를 나타내는 형용사인 '길다/長'과 '짧다/短' 청각으로 전이될 수 있는지 다음의 예를 통해서 확인하도록 한다.

(7) 긴 소리/長音
    짧은 소리/短音

소리의 성질 가운데 하나인 소리의 길이는 소리 자체의 특성은 아
니지만, 그것도 진동의 지속 시간에 의해서 정해진다. 진동의 시간이
길면 소리는 길어지고 진동의 시간이 짧으면 그 소리는 짧아진다. (7)
에서 '길다/長'과 '짧다/短'은 이러한 소리의 길이를 나타낸다. 그러나
공간적 의미는 시간적 의미로 전이될 수 있는데(임지룡, 1989:63) (7)
의 '길다/長'과 '짧다/短'은 소리의 지속시간을 나타내므로 공간적 의미
에서 청각으로 전이된 경우가 아니고 공간적 의미에서 시간적 의미로
전이되어 그것이 소리와 결합된 경우라고 보는 것이 더 타당하다. 그러
므로 (7)은 공간표시 형용사가 청각으로 전이된 예라고 할 수 없다.
  다음은 공간의미를 나타내는 형용사의 색채적 전이를 살펴보기로
하겠다.

(8) 얇은 색깔의 옷이 그에게 잘 어울린다./她适合穿淺颜色的衣服.

색채학에서 색상, 명도, 그리고 채도를 색의 세 가지 성질이라고 하
는데 여기서 명도는 색의 밝고 어두운 정도를 말하며, 채도는 색의 순
도라 하여 색채의 강하고 약한 정도를 말한다(최영준, 1977:24 - 31).
공간의미 형용사의 색채의미로의 전이를 한국어는 '얇다'에서, 중국
어는 한국어 '얕다'의 기본의미에 대응하는 단어 '淺'에서 전이가 일
어남을 볼 수 있다.
  (8)에서 '얇다'와 '淺'은 색에 대해 사용되는 '연하다'와 유의적이며,

'얇은 색'과 '淺顏色'에서의 '얇다'와 '淺'은 대상물이 가지는 색에 대해서 그 색의 성분이 적음을 나타내는 데 사용된다. 어떤 색이 그 색의 성분이 적음으로 해서 밝게 보일 수 있으며, 또한 색채가 약해질 수 있으므로 '얇다'와 '淺'은 색의 명도와 채도의 성질과 관련이 있는 것으로 여겨진다. 따라서 '얇은 색'과 '淺顏色'은 공간적인 의미가 아니라 색의 성질과 관련되므로 같은 시각 내에서 공간의미가 색채의미로 전이된 것이라고 할 수 있다. 그러나 '얇은 옷감', '淺水'(얕은 물)이라는 말처럼 공간의미의 형용사가 구체적인 대상물과 결합되면 색채와 관계가 없는 의미를 나타내므로, 공간의미의 형용사는 색채의 속성 명사인 '색/색깔', '顏色'과 결합되어야만 전이가 일어난다.

마지막으로 공간 표시 형용사의 미각적 전이를 살펴보기로 하겠다.

(9) 태양초 고추장의 깊은 맛/太阳草辣酱的純正的味道

(9)에서 형용사 '깊다'는 숙성되어 완전한 조화를 이루는 고추장 맛 혹은 잘 익은 김치의 맛이나 오래 끓여 잘 우러난 국물의 맛 등을 나타내는 것 같다. 따라서 공간의미의 형용사 '깊다'가 쓰인 (9)에서 한국어 예문은 공간의미 형용사의 미각적 전이의 예라고 할 수 있겠다. 그러나 중국어 '深'은 의미가 전이되지 않는다. (9)의 한국어 의미에 접근하는 중국어 형용사는 '濃'이라고 생각되나 '숙성하여 조화를 이룬다'는 의미를 완전하게 나타내지 못하고 있다. '깊다'도 미각적으로 전이될 때 구체적인 대상물과는 결합될 수 없고 그 대상물의 속성인 '맛'과 결합되어야만 전이가 이루어진다.

지금까지 韓·中 공간의미 형용사 중의 일부 형용사가 청각, 시각 중의 색채감각, 그리고 미각(중국어는 전이되지 않음)으로 전이될 수 있음을 보았다. 아래에 후각과 촉각으로 전이되는지 다음의 예를 통해서 확인하기로 하겠다.

(10) a. *깊(얕)은 냄새/*深(浅)的味儿, *깊(얕)은 촉감/*深(浅)的手感
     b. *큰(작은) 냄새/大(小)的味儿, *큰(작은) 촉감/*大(小)的手感
     c. *긴(짧은) 냄새/*长(短)的味儿, *긴(짧은) 촉감/*长(短)的手感
     d. *넓은(좁은) 냄새/*宽(窄)的味儿, *넓은(좁은) 촉감/*宽(窄)的手感
     e. *굵은(가는) 냄새/*粗(细)的味儿, *굵은(가는) 촉감/*粗(细)的手感
     f. *두꺼운(얇은) 냄새/*厚(薄)的味儿, *두꺼운(얇은) 촉감/*厚(薄)的手感

위에서 공간의미 형용사와 후각과 촉각의 속성명사 '냄새/味儿'과 '촉감/手感'의 결합을 보았을 때 거의 다 비문이며 오직 중국어의 '大/小'와 '味儿'의 결합만이 가능하다. 이로부터 한국어 공간의미의 감각 형용사는 후각과 촉각으로 전이가 일어나지 않으며 중국어는 '大/小'만이 후각으로 전이됨을 확인할 수 있었다.

이상에서 살펴보았듯이 시각형용사 가운데 공간의미를 나타내는 형용사 '크다/작다, 높다/낮다, 굵다/가늘다'가 청각으로 전이되는데 이런 형용사들의 기본의미에 대응하는 중국어 형용사 '大/小, 高/低, 粗/细' 등도 청각으로 전이된다. 그러나 반드시 청각의 속성명사 '소리', '音' 등과 어울려 사용되어야만 청각으로의 전이가 가능하다. 그리고 공간의미의 형용사 '얇다', '淺'은 시각 가운데 색채의미로 전이되는데 역시 색채가 가지는 속성명사 '색깔', '顔色' 등과 어울려야 그 전이가 가능하다. 그 외에 중국어 공간의미의 형용사 '大/小'는 후각으로 전이되는데 후각의 속성명사 '味儿'과 어울려야 그 전이도 가능하다.

4.1.2. 청각형용사

청각형용사의 공감각적인 전이란 원래 청각을 나타내는 형용사가 청각이 아닌 다른 감각을 나타내는 것을 말한다. 감각의 전이 현상은 도달 감각이 청각인 경우는 많지만, 청각형용사가 시발 감각인 경우는 아주 드물다.

(11) 요란한 색/复杂的颜色

(11)은 청각형용사인 '요란하다'가 시각형용사에 속하는 색채의미형용사의 속성 명사 '색'과 결합된 경우이다.

색에는 다른 색으로 더 이상 분해할 수 없는 원색과 두 가지 이상의 색을 합하여 이루어진 혼색이 있다. 그런데 '요란한 색'은 한 대상물에 여러 가지 색이 혼합되어 하나의 또 다른 색으로 된 것을 뜻하는 것이 아니라 각각의 고유한 색을 보존하면서 여러 가지 색이 섞여 있는 것을 뜻한다. 그러므로 (11)에서는 청각의 의미가 시각의 의미로 사용된 경우이므로 청각형용사의 시각적인 전이라 할 수 있다.

(12) *요란한 풀
    *요란한 귤

(12)에서 '풀, 귤'은 한 가지 색을 가지는 대상물이다. 이러한 '색'을 가질 수 있는 대상물에 '요란하다'가 어울리면 어색해진다. 이것은 '요란하다'가 대상물의 속성인 '색'과 결합될 수 있으나, 구체적인 대

상물과는 결합할 수 없다는 것을 보여준다.

청각형용사 '요란하다'는 시각 중의 색채감각으로 전이되는데, 색
채의 속성명사인 '색/색깔'과 결합되어야만 전이가 가능하다. 중국어
청각형용사가 공감각적으로 전이되는 예는 찾을 수 없다.

4.1.3. 후각형용사

후각형용사의 공감각적 의미전이란 원래 후각을 나타내는 후각형
용사가 후각이 아닌 다른 감각을 나타내는 것을 가리킨다. 먼저 후각
형용사의 미각적 전이를 살펴보도록 하겠다.

   (13) a. 맛이 {향긋하다, 고소하다, 구수하다}./味道香
       b. 맛이 비리다./味道腥
       c. 맛이 노리다./味道膻

(13a, b)는 '향긋하다(고소하다, 구수하다)/香'과 '비리다/腥'이 미각
의 속성명사인 '맛/味道'와 결합한 것으로, 이것들은 모두 성립될 수
있는 표현들이다. (13a)는 이른 봄에 나는 나물 등에서 나는 맛과 같은
것을 뜻하고, (13b)는 생선 등에서 나는 맛과 같은 것을 뜻하며 (13c)
는 양고기에서 나는 맛과 같은 것을 의미한다. (13)은 맛을 나타내므
로 후각형용사의 미각적 전이의 예라고 볼 수 있다.

   (14) 향긋한 나물/很香的野菜
      비린 생선/很腥的水产品
      노린 양고기/很膻的羊肉

(14)는 후각형용사인 '향긋하다/香'과 '비리다/腥' '노리다/膻'에 구체적인 대상물인 '나물/野菜'와 '생선/水産品', '양고기/羊肉' 등이 결합된 것으로 자연스런 표현들이다. 이런 대상물들은 나물 냄새, 생선 냄새뿐만 아니라 나물의 맛, 생선의 맛, 고기의 맛도 나타내므로 후각의 속성명사인 '냄새'와 미각의 속성 명사인 '맛'을 모두 가지는 것들이다. 그러므로 위의 예에서 '향긋하다, 고소하다, 구수하다/香'과 '비리다/腥', '노리다/膻'은 후각의 의미로도 사용될 수 있고, 미각의 의미로도 사용될 수 있는 것이다.

위에서 韓·中 후각형용사가 미각으로 전이될 수 있음을 보았다. 그러나 韓·中 후각형용사는 청각, 시각, 촉각, 시각으로 전이되지 않는다.

이상에서 살펴보았듯이 후각형용사 중 '지리다/臊', '구리다/臭'를 제외한 '향기롭다, 구수하다, 고소하다/香', '비리다/腥', '노리다/膻' 등 韓中 후각형용사들은 모두 미각으로 전이되는데 역시 미각의 속성명사 '맛', '味道'와 어울려야만 그 전이가 가능하다.

4.1.4. 미각형용사

미각형용사의 공감각적 의미 전이란 원래의 미각형용사가 미각이 아닌 다른 감각을 나타내는 것을 가리킨다. 우선 미각형용사의 청각적 전이를 살펴보기로 하겠다.

(15) 달콤한 목소리/甜美(甜丝丝)的嗓音

한국어 미각형용사 '달콤하다'와 청각적 속성 명사인 '소리'와 결합하고, 중국어 미각형용사 '甛'이 직접 전이되어 쓰이는 것이 아니라, 그 파생어인 '甛美', '甛絲絲'가 청각의 속성명사 '音'과 결합된다. (15)에서 한국어는 소리를 듣는 사람의 감정을 나타내기 위해서 사용되는 경우도 있고, 듣는 사람의 감정과 관계없이 소리 그 자체에 대해 사용되는 경우도 있는 것으로 생각되는데 중국어는 소리 그 자체에 대해서만 사용된다.

(15)는 기음(基音)과 부분음의 조화가 잘되어서 편안함을 줄 수 있는 느낌의 소리에 사용된다고 볼 수 있다. 이렇게 본다면 이것은 소리의 성질 가운데 소리의 음색과 관련이 있다. 그러므로 (15)는 미각형용사의 청각적 전이의 예34)로 볼 수 있다. 미각형용사가 청각으로 전이될 때도, 구체적인 대상물과 결합될 수 없고 대상물의 속성인 '소리/音(聲)'과 결합되어야만 청각으로 전이된다고 할 수 있다.

다음으로 미각형용사의 후각적 전이를 살펴보기로 하겠다.

(16) a. 차 안에서 김치 신 냄새가 난다./车内有一股泡菜酸味儿.
     b. 한약을 끓이는 쓴 냄새가 집 안을 진동한다./满屋都是熬药的苦味儿.
     c. 매운 냄새가 코를 찌른다. 辣味儿刺激鼻子.

(16)은 미각형용사인 '시다/酸, 쓰다/苦, 맵다/辣'과 후각의 속성 명사인 '냄새'가 결합한 경우들이다. 손용주(1991:13)에서는 미각어가

---

34) 손용주(1991:13)에서는 미각적 요소의 청각적 이행이 비교적 생산적이고 그 호응이 자유롭다고 하면서 '쓰다', '짜다', '시다', '떫다' 등도 청각형용사로 전이될 수 있다고 보았다. '쓴 소리', '짠소리', '신소리', '떫은 소리' 등의 예들은 모두 성립이 가능한 표현들이다. 그러나 이것들은 미각형용사의 청각적 전이의 예들이 아니라 비유적 추상적으로 전이된 예라고 보는 것이 더 타당하다고 생각된다.

그 낱말의 속성 때문에 청각 요소와는 그 호응이 부드럽고 그 밖의 감각기관과는 배타적이라 하여 위의 예들이 성립될 수 없는 것으로 보았다. 그러나 위의 예들은 성립이 가능한 표현들이라 생각된다. (16a)는 주로 신 김치와 같은 음식 냄새에 대해 사용되고, (16b)는 주로 쓴 한약을 끓일 때나, 쓴 나물을 데칠 때 나는 냄새에 사용될 수 있으며 (16c)는 고춧가루를 빻을 때 사용될 수 있다. 그러므로 (16)은 자연스러운 표현일 뿐만 아니라, 냄새를 나타내는 데 사용되므로 미각형용사의 후각적 전이의 예들이라고 할 수 있다. 그러나 미각형용사가 '신 김치'와 같이 구체적인 대상물들과 결합되었을 때 미각형용사들은 미각적인 의미만을 나타낼 뿐이다. 이것은 미각형용사가 후각으로 전이될 때, 구체적인 대상물과 결합하면 후각의 의미와 무관하기 때문에 오로지 대상물의 속성인 '냄새'와 결합되어야만 후각으로 전이되었다고 볼 수 있다.

마지막으로 미각형용사의 촉각적 전이 현상에 대해서 살펴보기로 하겠다. 감각형용사의 촉각적 전이에 대해서, 심재기(1982:149)는 촉각을 대표하는 속성 명사가 없으므로 다른 감각이 촉각으로 전이하여 공감각을 일으킬 수는 없다고 하였다.

(17) a. 매운바람/寒冷的風
     b. 날씨가 맵다./天气冷
     c. 발목이 시다./脚脖子酸

(17a, b)에서 한국어 예문은 미각형용사 '맵다'와 '바람', '날씨'가 결합한 것으로, 성립될 수 있는 표현이다. 그러나 '맵다'에 대응되는

'辣'을 사용하였을 경우 중국어는 비문이 된다. (17a)는 바람에서 느끼는 냄새가 '맵다'라는 의미로도 사용될 수 있겠지만, 일반적으로 '매우 찬바람'이란 의미로 사용된다. 피부신경으로 매우 차다는 것을 느끼므로 이것을 미각형용사의 촉각적 전이 예라고 할 수 있다. (17c)는 미각형용사 '시다/酸'과 '발목/脚脖子'가 결합한 것인데 양 언어에서 모두 촉각 중의 통각을 나타내고 있으므로 촉각으로의 전이라 할 수 있다.

이상에서 살펴보았듯이 미각형용사에서 한국어는 '달콤하다' 중국어는 '甛美', '甛絲絲'가 청각으로 전이되는데 청각의 속성명사 '소리/聲音'과 어울려야 그 전이가 가능하다. 또 미각형용사 중 '시다/酸', '쓰다/苦, '맵다/辣'은 후각으로 전이되는데 역시 후각의 속성명사 '냄새/味儿'과 어울려야 그 전이가 이루어진다. 미각형용사 중 한국어는 '맵다', '시다'가 촉각으로 전이되고 중국어는 '시다'에 대응하는 '酸'이 촉각으로 전이된다.

4.1.5. 촉각형용사

촉각형용사의 공감각적 전이란 원래 촉각을 나타내던 촉각형용사가 촉각이 아닌 다른 감각을 나타내는 것을 가리킨다.

> (18) a. 부드러운 목소리/溫柔的声音
>   거친 목소리/粗糙的声音
>   b. 부드러운 불빛/柔和的灯光

(18a)는 촉각형용사인 '부드럽다', '거칠다'가 청각의 속성 명사인

'소리'와 결합한 것으로, 모두 자연스러운 표현들이다. 그러나 중국어 '柔軟' 등은 소리와 어울리지 못하고 소리가 부드럽다는 의미를 나타내는 형용사 '溫柔'가 따로 존재한다. 반면에 한국어 '거칠다'의 기본 의미에 대응하는 '粗糙'는 청각적 전이가 이루어진다. (18b)는 '부드럽다'가 시각으로 감각할 수 있는 '불빛'과 어울려 사용되었는데 이것은 '부드럽다'가 시각으로 전이된 것이라 볼 수 있다. 중국어 '柔和'도 시각으로 전이된다.

위에서 한국어 '부드럽다', '거칠다'는 청각으로 전이되나 중국어는 '거칠다'의 의미에 대응하는 '粗糙'만이 청각으로 전이된다. 역시 소리의 속성 명사와 어울려야 전이가 가능하다. 그리고 한국어 '부드럽다'와 중국어 '柔和'는 시각으로 전이된다.

(19) a. 내가 술을 마시면 아내는 꼭 시원한 북어국을 끓여 준다./
　　　我一喝酒妻子就会给我做爽口的干明太鱼汤喝.
　　b. 냉면 육수를 마시니 속이 시원하다./喝了冷面汤真舒服.

(19)에서 '시원하다'는 '맛'에서 나타나는 만족이다. (19)는 미각으로 감각되는 느낌인데 전체적으로 맛이 조화를 이룰 때 사용된다. 양태식(1988:153)에서 지적한 바와 같이 그 대상은 '국물'이 있는 음식물이어야 한다. 그런데 감각을 발생시키는 대상이 국물을 가지는 음식물이라도 그 속성에 차이가 있다. (19a)는 뜨거운 성질을 가지는 반면에 (19b)는 차가운 성질을 가지고 있다.

'시원하다'는 음식의 맛에서 만족감을 느끼는 것인데 음식이 [＋국물]로 되어 있고 두 가지 이상의 내용물이 조화를 이룰 때 [＋만족감]이 나타난다. 그리고 이러한 조건이 갖추어진 경우에는 [＋냉]이나

[+열]과 관계가 없는 것으로 보인다.

위에서 한국어는 시각이 청각, 미각으로 전이되며 시각 내에서 공간의미가 색채의미로, 광선의미가 색채의미로, 색채의미가 공간의미로 전이됨을 볼 수 있었다. 중국어는 시각이 청각, 후각으로 전이되고 시각 내에서 광선의미가 색채 의미로, 공간의미가 색채의미로 전이됨을 볼 수 있었다. 한국어와 중국어 미각은 다 청각, 후각, 촉각으로 전이되지만 개별 단어들의 전이가 일치한 것은 아니다. 한국어는 청각이 시각 중의 색채감각으로 전이되지만 중국어는 청각이 공감각으로 전이되지 않는다. '지리다/臊', '구리다/臭'를 제외한 한국어와 중국어의 후각 형용사들은 미각으로 전이된다. 촉각에서 한국어는 청각, 시각, 미각으로 전이되고 중국어는 시각, 청각으로 전이된다.

이상에서 서술한 공감각적 전이의 유형을 가지고 한국어와 중국어 감각형용사의 공감각적 전이의 대조표를 만들면 다음과 같다.

표 10. 韓 · 中 감각형용사의 공감각적 전이의미 대조표

감각	언어	한국어	중국어
시발	도달	구체적 형용사	구체적 형용사
시각	청각	크다, 작다, 굵다, 가늘다	大, 小, 粗, 细
	시각	얕다, 어둡다, 밝다, 까맣다	浅, 暗
	미각	깊다	
	후각		大, 小
청각	시각	요란하다	
미각	청각	달콤하다	甜美, 甜丝丝
	후각	시다, 쓰다, 맵다	酸, 苦, 辣
	촉각	맵다, 시다	酸
후각	미각	향긋하다, 고소하다, 구수하다, 비리다, 노리다	香, 腥, 膻
촉각	청각	부드럽다, 거칠다	粗糙
	시각	부드럽다	柔和
	미각	시원하다	

4.2. 추상적 · 비유적 의미전이

언어는 이 세상의 온갖 사물과 함께 잠시도 쉬지 않고 변화를 계속하는 과정에 있다. 그것은 형태와 의미에 구애됨이 없이 변화가 일어난다. 그러나 일정 기간 후, 형태의 변화는 비교적 구체적으로 의식될 수 있으나 의미의 경우는 그렇지 못하다. 의미는 추상적인 것이어서 그것은 형태처럼 독립하여 존재할 수 없으며, 항상 유기체와의 상관관계로서 존재하기 때문이다.

비록 감각형용사이지만 그 낱말이 전혀 일차적인 감각을 나타내지 않고 의미가 전이되어 사용되는 것들이 韓 · 中 양 언어에 다 존재한다.

의미의 전이는 원형의미의 용법을 다른 '국면'(facet)에 적용한 것인데, 임지룡(1997)에서는 의미확장(전이)의 양상으로 다음 여섯 가지를 들고 있다.

① 사람→짐승→생물→무생물

예) 먹다: '사람이 음식을 먹는 행위'→'짐승이 먹이를 먹는 행위'→

‘물기를 머금은 잎사귀’→‘기름 먹은 종이’

② 구체성→추상성

예) 밝다: ‘빛’을 중심으로 ‘색, 표정, 분위기, 눈, 귀, 사리’의 밝음으로 전이됨

③ 공간→시간→추상

예) 짧다: ‘연필이 짧다’ ‘시간이 짧다’ ‘경험이 짧다’

④ 물리적→사회적→심리적

예) --에 있다: (서재→삼성라이온스→마음속)식으로 전이됨

⑤ 일반성→비유성→관용성

예) 짧다: ‘연필이 짧다’→‘경험이 짧다’→‘입이 짧다’

⑥ 내용어→기능어

예) 부터, 조차: 내용어에서 기능어로의 의미 표백화 과정을 보여줌.

의미의 전이는 그 언어를 사용하는 민족의 특수한 문화적 배경, 그리고 언어사용 습관과 밀접한 관계가 있다. 외국어를 배우는 학습자는 외국어의 표현이 모어에도 존재하는 경우에는 심각하게 느끼지 못하지만, 모어에 존재하지 않는 경우에 그 낱말이 가지고 있는 직접적인 명시적 의미(denotation)만으로는 도저히 이해할 수 없고 표현할 수도 없으므로 매우 어려움을 느끼게 된다.

韓·中 양 언어는 문화적 배경과 사회적 관습 및 언어 사용 습관이 다르기 때문에, 비록 그 기본의미에서 공통적인 면이 있기는 하지만, 전이의미에서는 아주 다른 모습을 보이는 경우가 많다.

감각형용사의 추상적·비유적 의미 전이는 韓·中 양 언어에서 의미의 전이가 같은 경우, 한국어에서만 의미가 전이된 경우, 중국어에

서만 의미가 전이된 경우 등 크게 3가지 유형이 존재한다. 그러나 양
언어에서 의미의 전이가 같은 것은 극히 드물다. 한국어나 중국어나
낱말의 의미가 전이되어서 다른 의미를 갖게 되면 한국어를 배우는
중국어 사용자나 중국어를 배우는 한국어 사용자들에게 매우 부담스
러운 것들이 될 뿐만 아니라 모어 사용자들도 그 낱말들의 언외 의미
(connotation)를 정확히 알아야 하기 때문에 학습상의 큰 난점이 된다.
아래에 추상적·비유적인 전이의미를 살펴보기로 하겠다.

4.2.1. 시각형용사

4.2.1.1. 광선의미

여기서는 원래 광선 의미를 갖고 있는 시각형용사가 광선의미를 갖
고 있지 않는 비유적이며 추상적인 非시각적인 특성으로 전이된 경우
에 대해서 살펴보기로 하겠다.

:: 밝다/亮

  (20) a. 눈이 밝다./眼睛好使/眼睛亮
       b. 귀가 밝다./耳朵好使/耳朵尖
       c. 인사성이 밝다./懂礼貌
       d. 서울 지리에 밝다./对汉城的地理很熟悉

'밝다'는 밝으면 사물이 또렷해지므로 잘 보이거나 들리는 것 또는
잘 알거나 잘하는 것에 대해서도 쓰인다. (20a)는 시력, (20b)는 청력이

좋다는 의미를 갖고 있으며 (20c)는 예절 등이 바르고 깍듯하다는 의미를 갖고 있다. (20d)는 어떤 부분에 막히는 데 없이 환히 잘 알아 능숙하다는 의미를 갖고 있다.

(21) a. 표정이 밝다./表情明朗
    b. 어린이들은 밝게 살아야 한다./孩子们应该活得快活.
    c. 분위기가 밝다./气氛明快

'강한 빛을 내거나 많은 빛을 받아 어둡지 않다'는 '밝다'의 기본의미가 (21a)에서는 사람의 얼굴이나 표정 등이 침울하지 않고 명랑하다는 의미를 나타내고 있다. (21b)에서는 사람의 성격 등이 왜곡되거나 어두운 곳이 없이 명랑하다는 의미를 나타내고 있으며 (21c)에서는 분위기나 환경 등이 우울하지 않고 명랑하다는 의미를 나타내고 있다.

(22) a. 사회가 밝다./社会公正.
    b. 우리나라의 미래는 밝다./我们国家的前途无量.

(22)에서 '밝다'의 기본의미가 역시 추상적으로 전이되었는데 (22a)는 공평히고 건전하다는 의미를, (22b)는 성공의 빛이 보이며 희망이 있다는 의미를 나타낸다.

(23) 你这一说, 我心里头亮了./네가 이렇게 말하니 내 가슴이 확 트인다.

(23)은 '亮'이 심리적으로 의미가 전이된 것인데 마음이나 생각 따위가 후련하고 트였다는 의미로 전이되었다.

이상에서 알 수 있듯이 '밝다', '亮'은 전이의미에서 아주 다른 양상을 보이고 있다. '밝다'는 시력, 청력 등이 [+좋음], [+예의], [+파악], 성격, 분위기 등이 [+명랑함], [+건전함], [+희망] 등의 의미를 보이지만 '亮'은 마음의 [+후련함]이란 의미 양상만 보이고 있다.

:: 어둡다/暗

(24) a. 눈이 어둡다./眼睛不好使(眼花)

　　　 귀가 어둡다./耳朵不好使(耳背)

　　 b. 서울 지리에 어둡다./对汉城地理不熟悉

　　　 정치에 눈이 어둡다./不懂政治

'어둡다'는 "광선이 부족하므로 사물이 또렷하게 보이지 않는다."는 기본의미를 가지고 있는데 (24a)에서는 "시력, 청력 등이 무디다."는 의미를 나타내고 있으며 (24b)에서는 "어떤 분야에 대하여 잘 알지 못하다."는 의미를 나타내고 있다. 이상의 의미로 전이될 때 '어둡다'는 '밝다'와 대립관계를 이루고 있다.

(25) a. 표정이 어둡다./表情阴沉

　　　 성격이 어둡다./忧郁的性格

　　 b. 올해 국제 무역 전망이 어둡다./今年的国际贸易前景暗淡

　　　 어두운 생각을 버려라./忘掉令人心碎的念头

(25a)에서 '어둡다'는 또 "분위기나 표정, 성격 따위가 침울하고 명랑하지 못하다."는 의미를 나타내고 있으며 (25b)에서는 "전망, 생각 등 추상적인 것이 희망이 없이 참담하고 막막하다."는 의미를 나타내

고 있다.

　　(26) 그는 돈에 눈이 어두운 사람이다./她是特別贪钱的人.

　　(26)에서 '어둡다'는 '눈'을 주어로 하여 어떤 것에 욕심을 낸다는 의미를 나타내고 있다.

　　(27) 明人不做暗事./공명정대한 사람은 떳떳하지 않은 일은 하지 않는다.

　　(27)에서 '暗'은 빛이 부족하다는 기본의미가 '은밀하다. 떳떳하지 않다. 부당하다'는 의미로 전이된 것이다.

　　(28) 일이 잘못된 것을 안 나는 눈앞이 캄캄하였다./
　　　　我知道事情搞砸了之后, 眼前一片漆黑.

　　위의 예문에서 '캄캄하다'는 지금까지 노력해 오거나 기대해 온 일이 잘못된 것을 알고 계속 노력할 용기를 잃고 상심하고 실망에 젖어 있다는 것을 나타낸다.

　　이상에서 볼 때 '어둡다'와 '暗'은 전이의미에서 같은 점을 찾아보기가 어렵다. '어둡다'는 시력, 청력 등이 [-좋음], 어떤 상황에 대해 [+모름], 표정, 성격 등이 [-명랑], 전망, 생각 등이 [-희망]을 나타내며 그리고 주로 '눈'과 어울려 [+욕심] 등의 의미를 나타낸다. '캄캄하다'는 [+실망]을 나타내며 중국어 '暗'은 [+은밀함], [+부당함]이란 전이의미를 나타낸다. 韓·中 광선의미 형용사의 전이의미 양상을 도표로 표시하면 다음과 같다.

표 11. 韓·中 광선의미 시각형용사의 전이의미 양상

어휘	대상 속성	의미 속성
밝다	[시청각][성격]	[＋좋음][＋명랑함][＋예의][＋파악][건전함]
亮	[마음]	[＋후련함]
어둡다	[시청각][전망]	[－좋음][－희망][＋욕심][－명랑]
캄캄하다		[＋실망]
暗	[행동]	[＋은밀함][＋부당함]

4.2.1.2. 색채의미

:: 검다35)/黑

> (29) a. 속이 검은 사람과는 상종하지 말라./不要跟黑心人打交道.
>   b. 까만 옛날의 일/很久以前的事.

(29a)에서 '검다'와 '黑'이 똑같이 속이 엉큼하고 흉측하거나 정체를 알기 어렵다는 의미를 나타내고 있다. **(29b)**에서 '까맣다'는 시간이 아득하게 오래다는 의미를 나타내고 있는데 색채 감각에서 시간 감각으로 의미가 확장되었다. 그런데 중국어 '黑'은 시간이 아득하게 오래다는 의미로 전이되지 않는다.

> (30) a. 그 일을 까맣게 잊고 있다./把那件事忘得一干二净.
>   b. 구경꾼들이 새까맣게/까맣게 몰려들다./观众蜂拥而来.

(30a)에서는 주로 '까맣게'로 쓰여 기억이나 아는 바가 전혀 없다는 의미양상을 보이고 있으며 **(30b)**에서도 주로 '까맣게' 꼴로 쓰여 헤아

---

35) '검다'계열 어휘의 전이의미를 다 포함시킨다.

릴 수 없이 많다는 것을 나타내고 있다.

    (31) a. 그 소식을 듣고 나는 눈앞이 깜깜하였다./听到那个消息, 我很失望.
         b. 그는 연애에는 깜깜한 사람이다./他对谈恋爱一窍不通.

  (31a)에서 '깜깜하다'는 희망이 없는 상태에 있다는 의미를 갖고 있으며, (31b)에서 '깜깜하다'는 어떤 사실을 전혀 모르거나 잊은 상태를 나타낸다.

    (32) a. 那小子心太黑了/그놈은 속이 너무 검다.
         b. 天黑了/날이 어둡다.

  (32a)에서 '黑'은 성품이나 속이 엉큼하고 고약하다는 의미를 보이는데 한국어 '검다'도 이와 같은 의미양상을 보인다. (32b)에서 '黑'은 날이 저물었다는 의미를 나타내는데 이것은 색채어가 시간적으로 의미가 확장된 것이라 볼 수 있다.

    (33) a. 黑交易/밀거래
          黑账/비밀장부
          黑户口/호적에 등록되지 않은 인구
          黑钱/부정한 수단으로 얻은 돈
         b. 黑纲领/반동적인 강령

  (33)에서 '黑'은 추상적으로 쓰여 (33a)는 은밀하고 비공개적이라는 의미를 나타내며 (33b)는 반동적이라는 의미를 보이고 있다.

  이상에서 보다시피 한국어 '검다' 계열의 형용사와 중국어의 '黑'은

'속이 엉큼하고 흉측하거나 정체를 알기 어렵다는 점에서만 동일한
의미를 보인다.

  :: 희다36)/白

   (34) a. 흰수작을 그만 해라./少做不像话的行为.
       b. 광장으로 사람들이 하얗게 몰려들었다./人们往广场蜂拥而来.

  (34a)에서 '희다'는 말과 행동이 되지 못하고 희떱다는 것을 나타내
며 (34b)에서 주로 '하얗게', '허옇게' 꼴로 쓰여 사람이 셀 수 없이 굉
장히 많음을 나타낸다.

   (35) a. 그 사람은 희고 곰팡이 슬어 더 이상 일을 못 시키겠다./
       那个人老糊涂了, 不能再给他活儿干了.
       b. 그를 흰 눈으로 볼 사람은 없다./没有人用白眼看他.

  (35a)에서 '희고 곰팡이 슬다'는 관용어적으로 쓰여 말이나 행동이
몹시 희떱고 실속이 없음을 나타낸다. (35b)에서도 '흰눈으로 보다' 역
시 관용어로 쓰여 업신여기거나 못마땅하게 여긴다는 의미를 나타내
는데 중국어 '白眼'도 한국어와 동일한 의미를 나타낸다.

   (36) a. 手洗得真白啊!/손을 아주 깨끗하게 씻었네.
       b. 肯定会有真相大白的日子./진상이 명백해질 날이 꼭 올 것이다.

  (36a)에서 '白'은 깨끗하다는 의미양상을 보이고 있으며 (36b)에서

---

36) '희다' 계열 어휘의 전이의미를 다 포함시킨다.

'白'은 명백하거나 분명하다는 의미를 보이고 있다.

    (37) a. 给我一杯白开水./끓인 맹물 한 잔 주세요.
          我不愿意吃粗粮饭, 愿意吃白饭/난 잡곡밥을 싫어하고 맨밥을 좋아한다.
      b. 菜做得白了./요리가 싱겁게 됐다.

(37a)는 아무것도 섞은 것이 없다는 의미를 나타내며 (37b)는 맛이 싱겁다는 의미 양상을 보이고 있다.

이상에서 볼 수 있듯이 '희다'와 '白'은 전이의미에서 같은 점을 보이지 않고 있다.

:: 누르다/黃

    (38) 这本书太黄[37]了/이 책은 너무 음란하다.

(38)에서 '黃'은 책이나 음반 같은 것이 음란하거나 속되다는 의미 양상을 보이고 있다. 한국어에서 '누르다' 계열의 형용사들은 비유적·추상적 의미로 전이되는 양상을 보이지 않고 있다.

:: 붉다/紅

    (39) a. 그는 새빨간 거짓말을 참 잘한다./他爱说毫无根据的假话.
      b. 돈에 눈이 뻘겋게/벌겋게 되다/他见钱眼红了.
      c. 하루 종일 굶었는지 먹을 것을 보자 눈이 붉어진다./
         可能是因为一天都没有吃饭的原因, 见了吃的就眼红了.

---

37) '黃'은 의미가 전이되어 동사의 성격을 띨 때는 '일이 허사가 되다, 실패하다, 글러지다'의 의미를 나타낸다. 중국어 예문 '这笔买卖黄了'는 '이 장사는 실패했다'로 해석을 해야 한다.

(39a)에서 '새빨간 거짓말'은 뻔히 드러날 만큼 터무니없는 거짓말
이라는 의미이며 (39b)는 자기 잇속을 차리는 데 열중한다는 의미를
나타낸다. (39c)는 관용적으로 쓰여 속되게 눈에 핏발이 벌겋게 설 정
도로 흥분하여 기를 쓰고 남의 것을 탐내거나 뺏으려고 하는 것을 의
미하는데 중국어 '眼紅'도 이와 같은 의미양상을 보이고 있다.

    (40) a. 他的铺子一开就红起来/
          그의 가게는 개업하자마자 번창하기 시작했다.
       b. 他在艺术界里很红./그는 예술계에서 아주 인기가 있다.
       c. 又红又专/정치사상 면에서 혁명적이며 기술 면에서도 뛰어나다.
       d. 他走红运了./그는 운이 트였다.
       e. 仇人相见, 分外眼红./원수가 만나니 더욱 성이 나 한다.

(40a)는 사업 따위가 번창하고 순조로우며 성공적이라는 의미를 보
이고 있으며 (40b)는 어떤 범위 내에서 인기가 있고 명성이 높다는 것
을 의미한다. (40c)는 혁명적이란 의미를 나타내고 (40d)는 운이 좋다
는 의미를 나타낸다. (40e)에서 '眼紅'은 성이 나서 기를 쓰거나 덤비
려고 하는 양상을 나타내고 있는데 한국어 '눈이 붉어지다'와 거의 동
일한 의미로 쓰인다.

:: 푸르다/蓝38)

    (41) a. 새파랗게 젊은 녀석이 집에서 놀고 있다니?/
          年轻轻的家伙在家里玩, 这象话吗?
       b. 눈이 시퍼렇게 살아 있다./活得好好的.

---

38) '푸르다'에 대응하는 또 다른 색채어 '綠'은 '綠色食品'이라는 말에서 명사 '綠色'은 '공해
   가 없다'는 의미를 나타낸다.

(41a)에서 '새파랗게 젊다'는 아주 젊다는 의미를 나타내며 (41b)에서 '시퍼렇다'는 주로 '살다'와 어울려 아주 멀쩡하게 살아 있다는 의미를 나타내고 있다.

(42) a. 시퍼런 비수 한 자루가 그의 손에 쥐어져 있었다./
　　　 他手里拿着一把十分锋利的匕首.
　　 b. 그녀는 시퍼렇게 눈을 흘겼다./他气势汹汹地瞟了一眼.
　　 c. 그 여인은 서슬이 퍼래 가지고 대들었다./他以咄咄逼人的态度反抗.

(42a)에서 '시퍼렇다'는 (칼날 따위가 푸른빛이 돌아서) 매우 날카롭다는 의미를 나타내며 (42b)에서 '시퍼렇다'는 남에게 겁을 줄 만큼 얼굴 표정이나 눈빛이 사납고 성이 나 있다. (42c)에서 '서슬이 퍼렇다'는 관용적으로 쓰여 남이 맞서지 못할 만큼 말씨와 태도가 위협적이고 세차다는 의미를 나타낸다.

(43) 他为这件事正急得眼蓝./그는 이번 일로 지금 안절부절못하고 있다.

(43)에서 '眼藍'은 방언에서 쓰이는데 당황해하거나 안절부절못하고 있는 깃을 니디내고 있다.

이상에서 서술한 韓·中 색채형용사의 추상적 비유적인 의미를 도표로 표시하면 다음과 같다.

同異點	어휘	의미 속성
공통점	검다/黑	[+엉큼함]
	희다/白	[+무시][+불만]
	붉다/紅	[+혁명적]
	벌겋다/뻘겋다/紅	[+욕심]
차이점	까맣다	[+久]
	깜깜하다	[−희망], [−기억]
	黑	[+저묾], [+비공개적], [+반동적]
	희다	[+실속]
	허옇다/하얗다	[+다수]
	白	[+청결], [+명백], [+순수], [+싱거움]
	黄	[+음란]
	뻘겋다/벌겋다	[+분노]
	새빨갛다	[−근거]
	紅	[+번창], [+인기], [+운]
	새파랗다	[+젊음]
	시퍼렇다	[+멀쩡함][+날카로움][+분노][+위협]
	蓝	[+당황]

4.2.1.3. 공간의미

공간의미를 갖는 시각형용사도 그 기본의미인 공간이라는 구체성
을 벗어나게 되면 의미의 전이현상이 일어난다. 곧 중심어가 추상개
념을 지니게 될 때 호응관계에 있는 공간의미의 형용사는 객관적인 측
정이 불가능하며 비교의 기준도 말하는 사람의 주관에 따라 달라진다.
아래에 공간의미 형용사의 비유적 · 추상적인 의미 전이 현상에 대
해 살펴보기로 하자.

:: 길다/长

    (44) 겨울밤이 길다./冬天的夜晚长
        수명이 길다./寿命长
        해가 길다./白天长

(44)는 공간감각형용사의 대상 영역이 시간적인 범주로 확장되어 사용된 것이다. 인간은 공간과 시간을 떠나서는 존재할 수 없고 또 공간과 시간은 서로 밀접한 관계를 맺고 있다. 시간은 볼 수도 만질 수도 없으니 공간형용사에 의해 시간을 표현함은 당연하다 할 수 있다. 공간적 대상의 선형으로 이어진 연장선의 크기가 기준보다 크다는 '길다/長'의 기본의미가 시간이나 기간의 양이 많거나 적다는 것으로 전이된 것이다. 사람들은 흘러간 과거는 인간의 뒤에, 다가올 미래는 앞에 있는 것으로 생각한다. 시간을 뒤와 앞이 이어지는 하나의 선으로 생각하므로 '길다/長'과 '짧다/短'이 시간의 영역으로 전이되어 쓰이게 된다. '세월은 유수와 같다'는 비유적 표현이 사용되는데 이것은 우리가 마음속에서 시간을 수직적이 아닌 수평적 개념으로 인식하고 있다는 것을 보여준다. (44)에서 볼 수 있듯이 '길다'와 '長'은 시간적인 의미를 나다낼 때 그 전이가 비교적 일치함을 보이고 있다.

    (45) 긴말하지 말고 시킨 대로 해라./别啰嗦，让你做什么你就做什么吧.
        더 이상 너의 긴말 듣고 싶지 않다./不想再听你的啰嗦了.

(45)에서 '긴말' '긴말하다'는 관용적 표현으로 단순히 시간적 양이 많다는 의미가 아니라 '장황하다, 번거롭다'의 의미를 나타내고 있다. 공간적 양이 많은 것이 시간적 양이 많은 것으로 전이되었는데 말하

는 시간이 너무 길어지면 번거롭고 지루해지지 마련이다. 그러나 중국어 '長'은 전이의미에서 이런 관용적 의미가 없다.

:: 짧다/短

> (46) a. 글은 짧지만 함축이 있다./虽然文章短, 但很含蓄.
>   b. 견해가 짧다./见识短
>   경험이 짧다./经验短

(46a)에서 '짧다/短'은 분량이 많거나 적다는 의미이다. '길다/長', '짧다/短'은 공간적 양의 많고 적음을 나타내는 것에서 책 따위의 분량이 많거나 적음을 나타내게 되었으며 일반적으로 글의 분량에 따라 읽을 때 소요되는 시간의 양도 비례하게 되므로 '길다/長', '짧다/短'이 글의 분량을 나타내는 말로 대상영역이 전이되는 것을 가능하게 해준다. 위의 (46b)는 '짧다/短'의 공간적으로 차지하고 있는 양이 기준에 미치지 못한다는 기본의미가 질적인 영역으로 전이되어 추상적 개념인 생각, 실력 따위가 어떤 정도, 수준에 미치지 못하여 모자람을 표현하는 것이다.

> (47) 입이 짧다./嘴挑剔

'입이 짧다'는 입으로 들어가는 음식의 범위나 종류가 적은 것인데 이것이 결국 식성이 까다롭다는 의미가 된다. 먹는 음식의 범위나 종류가 적다는 표현으로 다른 (-)계열의 공간형용사 '작다'는 쓰이지 않는데 이것은 '입이 작다'라고 표현하면 공간적 양을 갖는 대상물인

입 자체의 크기를 표현하는 것과 의미의 중복이 생기기 때문인 것으로 보인다.

:: 높다/高

> (48) 혈압이 높은 사람은 사우나에 들어가면 안 된다./
>   血压高的人不能去洗桑拿.
>   체온이 보통 때보다 높다./体温比平常高.
>   온도가 높다./温度高
>   비율이 높다./比率高

(48)에서 '높다'와 '高'는 수치로 나타낼 수 있는 온도, 습도, 압력 따위가 일정한 기준치나 보통의 정도보다 이상인 상태를 나타낸다. 공간적 대상의 상향 수직적 위치가 화자의 기준보다 위라는 기본의미가 공간적 대상은 아니지만 온도, 압력, 비율, 임금 등과 같이 수치화되어 어떤 위치를 점유한다고 보는 개념으로 의미의 확장이 일어난 표현들이다.

> (49) 그는 우리 반에서 성적이 가장 높다./她在我们班成绩最高.
>   문학적 가치가 높은 작품/义学价值高的作品.
>   국가 신용도가 높아야만 수출이 늘어날 수 있다./
>   国家信用度高, 才能提高出口量.

(49)에서 '높다'와 '高'는 품질, 수준, 능력, 가치 따위가 보통보다 위에 있거나 훌륭한 상태에 있음을 의미하는데 이때 그 대상은 어떤 기준 이상의 질적 수준을 나타낸다. 따라서 '높다'와 '高'는 모두 긍정적인 가치를 가진다.

(50) a. 직급이 높다./职位高

　　　 지위가 높을수록 책임도 커진다./地位越高, 责任越大

　　 b. 연세가 높으시다/高龄

(50)에서 '높다'와 '高'는 대상이 기준보다 상위에 있는 상태를 나타
내는데 (50a)는 위계질서상의 사회적인 지위 또는 사회적인 위치를 의
미하며 (50b)는 나이가 많다는 것을 의미한다. (50a)는 특정 집단 내에
서의 역할에 따라서 그 지위나 위치의 정도가 결정되지만 (50b)에서
'연세'는 자연적인 순리에 따라 그 정도가 자동적으로 결정된다. 그러
나 '연세'에는 '높다'만 사용되고 '낮다'는 사용될 수 없는데, '나이'에
대응하는 중국어 '龄'에는 '低龄犯罪的案件正在增加'와 같이 '낮다'의
의미에 대응하는 '低'가 사용될 수 있다.

(51) a. 악명이 높다./臭名远扬

　　 b. 명망이 높다./名声高

　　 c. 평판이 높다./评价高

(51)에서 '높다'는 이름이나 명성 따위가 널리 알려진 상태에 있음
을 나타내는데 대상이 무엇이냐에 따라 가치가 달라진다. (51a)는 부
정적 가치를, (51b)와 (51c)는 긍정적인 가치를 가진다. 그러나 중국어
'高'는 긍정적 가치만 가지기에 '악명이 높다'를 직역할 수가 없다. 그
리고 (51)에서 '높다'는 어휘적 반의어 '낮다'와 대립관계를 형성하는
것이 아니라 '－지 아니하다'처럼 통사적 부정이 대립관계를 형성한
다. 이와 같은 의미는 '높다'의 다른 의미에 비해서 상대적으로 척도
성의 특성이 약하기 때문이라고 생각한다.

:: 낮다/低

> (52) 수압이 낮아 물이 안 나온다./因为水压低, 水出不来.
> 선진국은 영아 사망률이 낮다./先进国家的婴儿死亡率低.
> 보수가 낮다./报酬低

(52)에서 공간적 대상의 상향 수직적 위치가 화자의 기준보다 아래라는 '낮다'와 '低'의 의미가 공간적 대상은 아니지만 온도, 압력, 비율, 임금, 나이 등으로 수치화되어 어떤 위치를 점유한다고 보는 개념으로 의미의 확장이 일어난 것이다.

> (53) 교육수준이 낮다./教育水平低
> 후진국의 제품은 질이 낮다./不发达国家的产品质量低.

(53)은 '낮다'와 '低'의 기본의미가 가치, 신분, 능력, 수준, 정도 등이 기준보다 위 또는 아래에 있다는 의미로 확장된 것이다.

위에서 볼 수 있듯이 '낮다'와 '低'는 그 전이의미에서 비교적 일치함을 보이고 있다.

테일러는 삶, 건강, 의식 등에서 긍정적 평가를 받는 인간의 속성은 전형적으로 인간의 직립 자세와 연관된다고 말한다(1995:169). 위에 있는 사람은 살아 있고 건강하고 의식이 있는 반면, 어떤 사람이 의식이 없고 병들거나 잠들어 있다면 그는 아래에 있게 된다. 마찬가지로 어떤 사람이 다른 사람을 통제하고 영향력을 발휘하거나 압도할 물리적 힘을 가지고 있다면 그 사람은 보통 상대편에 비해 신체적 힘이 더 많고 따라서 신체적 높이가 더 높은 사람이다. 그리고 물리적 관점에서 힘이 더 센 사람은 싸움을 끝내며 의기양양하게 위로 일어서지만 희생자는 아래에 쓰러져 있다. 보통 양적으로 많은 것은 좋은 것이다. 식량, 힘 재산 등은 많을수록 좋다. 위에 있고 많이 가지고 있는 것, 즉 '높음'은 강하고 능력 있고 우수하고 가치 있고 선망의 대상인 것이 되고 '낮음'은 그 반대가 된다.

:: 깊다/深

(54) 깊은 안개가 꼈다./很浓的雾

(54)에서 '깊다'는 '짙다'를 대치하여 사용된 것인데 '깊다'가 기본 의미에서 양이 많다는 의미를 가지고 있으며 또한 어두움과 연관이 있다는 점에서 쓰이게 된 것으로 생각한다. 그 대상은 공간적이고 확장의 기준 역시 공간이다. 그러나 중국어 '深'은 이와 같은 의미를 보이지 않고 있다.

(55) 밤이 깊어서야 잠자리에 누웠다./夜深了, 才躺在床上.
    가을이 깊다./深秋

(55)에서 '깊다'와 '深'은 시간적 길이를 가지는 개념의 중심에 위치해 있다는 의미를 가지는 것이다. 숲이 시작되는 부분과 끝나는 부분이 있고 숲속 깊은 곳은 숲의 중심부에 해당하듯이 밤, 계절 등도 시작과 끝이 있다고 할 수 있다. 공간적 대상의 중심에 있다는 의미가 시간적 대상의 중심에 있다는 의미로 전이된 것이다. 그러나 한국어에서 '가을이 깊다'는 주술 관계지만 중국어는 주술관계로 쓰이지 않고 '深秋', 즉 수식관계로 쓰이고 있다.

(56) 유서 깊은 명문학교/历史悠久的名牌学校.
　　 그 협회는 역사가 깊다./那个协会的历史悠久.

(56)에서 '깊다'는 공간적 양의 많음이 시간적 양이 많다는 '오래다'의 의미로 사용된 것이다. 그러나 중국어 '深'은 '오래다'의 의미로 전이되지 않기에 '유구하다'의 의미에 해당하는 '悠久'를 사용한다.

(57) 깊은 잠이 들었다./熟睡
　　 이미 병이 깊어져 치료가 힘들다./病情已经加重了, 难以治疗.

(57)에서 '깊다'는 어떤 상태의 정도가 심한 것을 의미하는데 한국어 '깊다'는 그 전이가 가능하지만 중국어 '深'은 전이가 되지 않고 있다.

(58) a. 정분이 깊다./交情深.
　　 b. 음악에 조예가 깊다./对音乐造诣深.
　　 학문이 깊다./学问深.

(58a)는 '깊다/深'의 기본의미가 사람의 정이나 관계 등이 기준이 되는 정도 이상임을 나타내고, (58b)에서 '깊다/深'은 어떤 사물이나 개념에 대한 인식이 기준이 되는 수준 이상이라는 의미를 나타낸다.

:: 얕다/浅

(59) 식견이 얕다./见识浅(短)
　　 나는 학문이 얕다./我学问浅

(59)에서 '얕다/淺'은 학문이나 지식, 경험 따위가 쌓은 바가 적어,

그 수준이 일정한 정도에 미치지 못한다는 의미를 갖는다.

(60) a. 눈앞에 보이는 이익만을 따지는 얕은 생각/
　　　 只顾眼前利益的浅薄的想法.
　　 b. 얕은 ·잠을 자다./睡得很轻

　(60a)에서 '얕다'는 생각이 일정한 정도에 미치지 못하거나 마음 쓰는 것이 너그럽지 못하다는 의미를 나타내고 있는데 중국어 '淺薄'이 이런 의미를 나타내고 있다. **(60b)**에서 '얕다'는 잠이 깨기 쉬운 상태에 있다는 것을 의미한다. 그러나 중국어 '淺'은 이와 같은 의미를 나타내지 않고, '가볍다'는 의미에 대응하는 '輕'이 잠이 깨기 쉬운 상태에 있다는 의미를 나타내고 있다.

(61) a. 言浅意深/말은 평이하지만 의미는 심오하다.
　　 b. 交情很浅/정이 두텁지 않다.
　　 c. 跟同学相处的日子还浅/학우들과 사귄 시간이 짧다.

　(61a)에서 '淺'은 평이하다, 간단하다는 의미를 나타내며, **(61b)**에서 '淺'은 감정, 친분, 교정이 깊지 않다는 의미, **(61c)**에서는 기간이 얼마 되지 아니하거나 짧다는 의미를 나타내고 있다.

　:: 멀다/远

(62) 먼 지난날의 일이 아직도 기억에 생생하다./
　　 很久以前的事情还记得清清楚楚.
　　 방학이 아직 멀었다./放假还早着呢.
　　 아직 육십이 멀었는데 정년퇴임이라니?/

(62)에서 '멀다'의 대상은 시간의 의미 속성을 갖는다. '멀다'는 떨어진 두 지점 사이의 공간적 크기를 나타내는 기본의미가 시간적으로 떨어진 두 지점 사이의 크기를 표현하는 의미로 전이되어 사용되고 있는 것이다. '길다'는 이어진 공간적 대상의 크기를 표현하는 것이 기본의미이고 '멀다'는 떨어진 두 지점 사이의 공간적 거리를 표현하는 것이 그 기본의미이기 때문에 시간적 영역으로 의미가 전이된 표현에서도 '길다'는 계속해서 이어져 가는 대상의 처음에서 끝까지의 진행 시간이 많다는 의미를 가지고, '멀다'는 현재를 기준 시점으로 대상이 되는 다음 시점까지의 떨어진 시간적 크기가 많다는 의미를 갖게 된다. '긴 방학'은 방학의 처음에서 끝까지의 시간적 거리가 오래다는 의미이고 '먼 방학'은 지금부터 방학 때까지의 시간적 거리가 오래다는 의미이다. 그러나 '遠'은 시간적인 의미를 나타내지 않지만 '不遠'이라는 부정적 표현은 어떤 시간까지 '멀지 않다'는 의미를 나타낸다.

(63) 자주 연락을 하지 않으면 친구 사이가 멀게 느껴진다./
　　　如果不经常联系，朋友就慢慢疏远了.

(63)에서 '멀다'는 추상성의 양상을 보이는데 '친구 사이'는 사람 사이의 '관계', 즉 서로의 사이가 다정하지 않고 서먹서먹한 상태를 의미한다. 공간적 떨어짐의 정도가 크다는 것을 표현하는 '멀다'의 기본의미가 유정물 사이의 친분이나 정 등이 적음을 표현하여 유정물 사

이의 심리적 거리가 멀다는 것을 의미한다. 그런데 일반적으로 (+)계열 공간 지각어가 긍정적 의미를 나타내는 데에 비하여 (63)에서는 반대의 양상을 보이고 있다. 즉 (63)은 그 감각가치가 부정적이다. 중국어 '遠, 近'은 유정물 사이의 관계를 나타내지 않는데 그 대신 이런 사람 사이의 감정에 거리가 있음을 나타내는 단어 '疏遠'이 따로 존재하고 있다.

(64) a. 북경에 먼 친척이 있다./北京有我一门远亲.
　　 b. 너의 그림 솜씨는 화가가 되기엔 아직 멀었다./
　　　　就你这个画画水平, 要成为画家还差得远呢.

(64a)에서 '친척'은 직간접적인 혈연에 의한 관계를 의미하는데 여기서 '멀다'는 혈연적인 관계가 긴밀하지 않고 동떨어져 있다는 것이다. (64b)에서 '멀다'는 능력의 수준이나 정도가 어떤 기준점에 모자람을 보여주므로 그 가치도 부정이다.

:: 가깝다/近

(65) a. 시험이 가까워서인지 도서관에 빈자리가 없다./
　　　　可能是因为快考试了, 图书馆里没了座位.
　　　　둘은 가까운 장래에 결혼할 사이다./两个人在不远的将来会结婚的.
　　 b. 나는 그와 친형제처럼 가깝다./我和他象亲兄弟一样亲近.
　　 c. 가까운 친척이라고는 삼촌밖에 없다./近亲只有叔叔.
　　 d. 진품에 가까운 모조품/接近珍品的仿造品

(65a)에서 '가깝다'는 떨어진 두 지점 사이의 공간적 거리가 짧다는 기본의미가 시간적으로 떨어진 두 점 사이가 오래지 않다는 의미로

전이되었다. (65b)에서 '가깝다'는 유정물 사이의 친분이나 정 등이 많고 적음을 표현하여 유정물 사이의 심리적 거리나 사귐의 정도를 나타내고 있다. 그런데 일반적으로 (+)계열 공간 지각어가 긍정적 의미로 (-)계열 공간 지각어가 부정적 의미로 사용하는 데에 비하여 (65b)에서는 반대의 양상을 보이고 있다. (65c)는 혈연적인 관계가 밀접하다는 의미를 나타낸다. (65d)는 성질이나 특성, 모양이 기준이 되는 것과 근사하다는 것을 보여준다.

:: 곧다/直

(66) a. 아버지는 성품이 매우 곧으시다./父亲的品行很端正.
　　　사람은 모름지기 지조가 곧아야 한다./人的节操必须正.
　　b. 他的性格很直/그는 성격이 직설적이다.

(66a)에서 '곧다'는 사람의 마음이나 성품이 정의롭고 불의와 타협하지 않는 상태에 있는 것을 의미하므로 긍정적 가치를 갖는다. 그러나 중국어는 성품에 '端正', '지조'에 '바르다'의 의미를 가지는 '正'이 사용되어 '곧다'의 전이의미와 같은 의미양상을 나타낸다. (66b)에서 '直'은 마음속에 있는 것을 감추지 않고 툭 털어놓고 이야기하는 직설적인 성격을 형용한다.

'곧다'와 '굽다'는 다른 공간의미의 형용사들에 비해 의미의 확장이 잘 일어나지 않고 있다. 의미의 확장은 다양한 체험과 관련되어 일어난다. 인간의 체험과 관련이 적은 말은 기본의미가 의미의 유사성을 가지고 다른 영역으로 의미확장이 일어날 기회가 적다고 할 수 있다. 또한 대부분 공간의미의 형용사들은 기본의미 자체가 공간적인 양,

크기를 나타내고 있어 수치와 관련이 크지만 '곧다/굽다'는 기본의미
와 수치와 관련이 있는 것이 아니고 형태와 관련이 있으므로 전이가
잘 일어나지 않고 있다.

:: 넓다/宽

    (67) a. 식견이 넓다./见识广
         b. 시야가 넓다./视野广

  (67)에서 차지하는 공간적 양이 많거나 적다는 '넓다'의 기본의미가
양으로 표현할 수 없는 공간이 아닌 다른 대상에 사용된 것이다. '식
견, 시야'는 그 속성이 추상적이다. (67a)에서는 판단능력이, (67b)에서
는 사물을 보는 안목이 그 범위와 내용이 크고 많은 상태를 보인다.
(67)에서 한국어는 모두 '넓다'의 대립어 '좁다'와의 대응이 가능하다.
그런데 '넓다'는 가치가 긍정적이고 '좁다'는 가치가 부정적이다. 중
국어에서는 이런 추상적인 속성이 범위가 크다는 것을 나타낼 때 보
통 '宽'보다는 '广'을 사용하는 것이 더 자연스럽다.

    (68) a. 그는 속이 넓은 사람이다./她是心眼儿宽的人.
         b. 귀가 넓으면 남에게 속기 쉽다./耳朵软容易被别人骗.
         c. 저 사람이 부동산 쪽으로 발이 넓으니까 문의해 봐./
            那个人在房地产方面交际广, 问问他吧.
            저 친구는 낯이 넓으니까 따라다니면 도움이 될 거야./
            那个人面子大, 跟着他会有好处的.
         d. 그는 오지랖이 넓어 욕을 잘 먹는다./她爱管闲事, 所以经常挨骂.

  (68)은 '넓다'가 관용적으로 사용된 경우이다. (68a)는 '넓다'의 대상

이 대범하고 생각이나 마음 쓰는 것이 크고 너그럽다는 의미가 있는데 중국어 '寬'도 같은 의미를 가지고 있다. (68b)에서 '넓다'는 남의 말을 쉽게 받아들인다는 의미이다. (68c)는 교제나 사귐의 관계가 광범위한 상태를 나타낸다. 그런데 '발이 넓다', '낯이 넓다'는 그 가치가 중립적인 반면에 (68d)에서의 '오지랖이 넓다'는 쓸데없이 아무 일에나 참견하여 보는 사람의 반감을 산다는 의미이므로 그 가치가 부정적이다. (68a)에서 '속이 넓다'는 '心寬'으로 직역이 가능하지만 (68b)에서 '귀가 넓다', '발이 넓다' 등을 직역하면 한국어 관용어 의미에 대응되는 의미가 나타나지 않는다.

(69) 他虽然手头儿宽, 但仍很注意节省./
　　 그는 생활이 여유롭지만 여전히 절약에 매우 주의한다.

(69)에서 '寬'은 생활이 풍요롭고 넉넉하다는 의미양상을 보이고 있다.

:: 좁다/窄

(70) a. 그는 속이 좁아서 친구가 없다./因为他心眼儿窄, 所以没有朋友.
　　 b. 이번 사건은 취재의 범위가 좁다./这件事情的采访范围很小.

(70a)에서 '좁다'와 '窄'은 모두 마음 쓰는 것이 너그럽지 못하고 옹졸하다는 의미양상을 보인다. (70b)에서 '좁다'는 내용이나 범위 따위가 널리 미치지 못한다는 의미를 보이고 있다. 그러나 '窄'은 이와 같은 의미는 나타내지 않고 있다.

(71) 日子过得很窄./생활이 아주 구차하다.

　(71)에서 '窄'은 생활이 구차하고 옹색함을 나타내고 있다. 즉 공간적 양이 많거나 적다는 기본의미가 양적으로 표현할 수 없는 추상적인 생활에로 의미가 전이되었는데 한국어 '좁다'에서는 찾아볼 수 없는 의미 전이인 것이다.

　　:: 두껍다/厚

(72) 그 백화점은 고객층이 두껍다./那个百货商店的顾客队伍雄厚.
　　 젊은 지지층이 두껍다./年轻支持者的队伍雄厚.

　(72)에서 '고객층', '지지층'은 추상적이다. 즉 이런 층을 이루는 집단의 규모가 보통의 정도보다 크다는 것을 의미한다. 그런데 중국어 '厚'는 이와 같은 의미를 나타내지 않는다. 중국어에는 인력과 물력이 아주 충족하다는 의미만을 가지고 있는 단어 '雄厚'가 따로 존재하고 있다.

(73) 그는 낯이 두꺼워서 부끄러움이 뭔지 모른다./他脸皮厚, 不会害羞.

　(73)에서 '두껍다/厚' 韓·中 양어에서 똑같이 관용적으로 전이된 것으로 '얼굴'은 처신이나 성격을 의미하는데 그것이 뻔뻔스럽다는 것을 나타낸다. 그런데 그 가치는 모두 다 부정적이다. 공간 감각어가 의미확장이 일어날 때 일반적으로 (+)계열은 긍정적 평가를, (−)계열은 부정적 평가를 받는 쪽으로 의미의 전이가 일어난다. 그런데 '낯

이 두껍다'는 (+)계열 어휘가 부정적 평가를 받고 있다. 얼굴이나 낯이 두꺼워진다는 것은 얼굴에 무언가 덮이고 쌓여서 두께가 늘어난다는 것이다. 얼굴에 무언가 가려진다는 것에 염치를 모른다는 의미로 발전된 것 같다.

(74) 交情很厚/사귄 정이 매우 두텁다.
寄予厚望/큰 기대를 건다.

(74)는 '厚'의 기본의미가 신의, 믿음, 관계, 인정 따위가 굳고 깊다는 추상적 의미로 확장된 것이다. 그러나 한국어에는 '신의, 믿음, 관계, 인정 따위가 굳고 깊다'는 의미만을 나타내는 단어 '두텁다'가 따로 존재한다.

(75) a. 受到了厚礼/후한 선물을 주다.
得到了厚利/큰 이익을 얻었다.
b. 酒味儿很厚/술맛이 매우 독하다.
这茶太厚/이 차는 너무 진하다.

(75a)에서는 '厚'의 기본의미가 수량, 이윤, 가치 등이 '많다' 또는 '넉넉하다'로 의미가 확장된 것이며 (75b)에서는 '厚'가 맛이 진하다 또는 독하다는 의미로 확장된 것이다. 이런 의미 전이는 한국어 '두껍다'에서는 보이지 않고 있다.

:: 얇다/薄

(76) a. 우리 편은 선수층이 얇다./我方队员的力量薄弱.

b. 네 얇은 속으로 그를 이해할 수 있겠니?/
   你心眼儿那么窄, 能理解他吗?

　　'얇다'의 기본의미가 (76a)에서는 층을 이루는 집단의 규모가 보통의 정도에 미치지 못한다는 의미로, (76b)에서는 빤히 들여다보일 만큼 속이 좁다는 측면으로 의미가 전이되었다.

(77)　a. 脸皮薄/낯가죽이 얇다.
　　　b. 人情太薄了./인정이 야박하다.
　　　c. 酒味太薄./술이 너무 묽다.
　　　d. 薄地/척박한 땅.

　　(77)에서 '薄'은 (77a)에서 한국어와 똑같이 부끄러움을 탄다는 의미를 가지고 있으며, (77b)에서는 사람 사이의 정이 야박하다는 의미로, (77c)는 술이 도수가 높지 않고 묽다는 의미로, (77d)에서는 땅이 비옥하지 못하다는 의미로 전이되었다.

　　'얇다'와 '薄'은 관용어적으로 쓰인 '낯가죽이 얇다'에서만 같은 양상을 보일 뿐 다른 전이의미에서는 서로 다른 양상을 보이고 있다.

:: 굵다/粗

(78) 그 사람은 사내답게 굵게 논다./那个人像男子汉, 很大方.
　　 굵게 장사를 하다./生意做得很大.

　　(78)은 공간적으로 차지하는 범위가 크다는 기본의미에서 파생되어 사람의 행동범위가 크고 성격이 좀스럽지 않다는 의미로 발전되었다.

그러나 중국어 '粗'는 이렇게 의미가 전이되지 않는다.

> (79) a. 그녀는 선이 굵은 배우이다./她是粗线条的演员.
>   b. 경수는 이 회사에서 잔뼈가 굵었다./京洙从小就在这个公司工作.
>   c. 아이는 이젠 머리가 굵었다고 자기주장을 한다./
>   孩子现在长大了, 都有自己的主张.

(79)는 '굵다'가 관용적으로 확장되는 경우이다. (79a)에서 '선이 굵다'는 다의적인데 구체성과 추상성의 의미양상을 띤다. 하나는 생김새, 즉 구체성의 의미를 보이는데 그 대상이 이목구비가 뚜렷하고 큼직큼직한 상태를 의미하며 다른 하나는 성격, 즉 추상성의 의미를 보이는데 그 대상이 여리지 않고 대담한 상태를 나타낸다. 중국어 '粗線條'는 성격이 대담하다는 추상성의 의미만 보이고 있다. (79b)에서 '잔뼈가 굵었다'는 어릴 때부터 그 환경에서 '자라나다' '종사하다'의 의미가 있으며 (79c)에서 '머리가 굵다'는 '성장하다'는 의미를 가지고 있다.

:: 잘다

> (80) a. 철수는 사람이 잘아서 큰일을 하기는 틀렸다./
>   哲洙这个人太碎了, 不可能做大事.
>   b. 그는 회사에서 잔심부름만 한다./她在公司只干零活.

(80a)는 생각이나 성질이 대담하지 못하고 좀스럽다는 의미를 나타내며, (8b)는 사람이 하는 일이 소소하거나 중요하지 않은 상태에 있음을 의미한다.

:: 가늘다/細

(81) a. 그녀는 어깨를 가늘게 떨었다./她的肩膀微微地颤动.
　　 b. 그의 얼굴에 가는 미소가 찰랑거렸다./她的脸上露出了微笑.

(81a)에서 '가늘다'는 흔들리는 정도가 약하다는 뜻이며, (81b)에서 '가늘다'는 심리적 표현이 알릴 듯 말듯 약하다는 뜻이다. 그러나 중국어 '細'는 이런 의미로 전이되지 않고 있다.

(82) a. 这象牙雕刻做得挺细./이 상아조각은 정말 정교하게 만들었다.
　　 b. 胆大心细./대담하면서도 찬찬하다.

(82a)에서 '細'는 일을 할 때 섬세하거나 또는 만들어진 물건이 정교롭다는 의미를 나타낸다. (82b)는 일을 하는 태도 또는 성격이 찬찬하거나 면밀하며 계획성이 있다는 의미양상을 보이고 있다.

:: 크다/大[39]

(83) 책임이 크다./責任大
　　 손해가 크다./損失大
　　 큰 충격을 받다./受到了很大的打击.

공간이나 공간적 대상이 차지하는 체적이 화자의 기준을 초과한다는 '크다'의 기본 의미가 (83)과 같이 추상적으로 확대되어 일의 규모, 범위, 정도, 힘 또는 영향, 충격 따위가 보통 정도를 넘는다는 의미양

---

39) '大'는 부사처럼 쓰여 '아주 완전히, 매우, 몹시, 대단히'와 '그다지, 그리'의 의미를 나타내기도 하는데 '真相大白/진상이 죄다 밝혀졌다.'에서 '大'는 '완전히'란 의미이며, '不大爱说话/그다지 말하기를 좋아하지 않다.'에서는 '그다지'란 의미를 나타낸다.

상을 보이고 있다. 중국어 '大'도 같은 의미양상을 보이고 있다.

(84) 너는 앞으로 큰 사람이 되겠구나./你将来会成为大人物的.
　　젊은 사람이 큰일을 해냈다./年轻的人做出了大事.

(84)는 (+)계열의 '크다'가 긍정적 가치를 가지는 의미로 전이되었는데 사람의 됨됨이가 크고 훌륭하다는 의미양상을 보이고 있다. 중국어 '大'도 같은 양상을 보이고 있다.

(85) 그는 통이 큰 사람이다./他是个大方的人.
　　나는 마음을 크게 먹고 유학을 갔다./我下定决心去留学了.

(85)에서 '크다'는 생각의 범위나 도량이 넓다는 의미를 나타낸다. 그러나 중국어 '大'는 이런 의미양상을 나타내지 않는다.

(86) 老大/맏이

(86)에서 '大'는 항렬에서 가장 손위를 나타낸다.

:: 작다/小

(87) 실수가 작다./失误小
　　회사 규모가 작다./公司规模小
　　작은 보탬/小小的帮助

(87)을 보면 공간적으로 차지하는 면적, 부피 등이 화자가 정한 일

정한 기준에 미치지 못한다는 ‘작다’의 기본의미가 일의 규모, 범위, 정도, 중요성 따위가 비교 대상이나 보통 수준에 미치지 못한다는 의미로 전이된 것이다.

    (88) 나는 통이 작아서 그런 일을 못해./因为我不大方, 干不了那种事.

(88)에서 ‘작다’는 사람됨이나 생각 따위가 좁고 보잘것없다는 의미를 보이고 있다.

    (89) 小儿子/막내아들

(89)에서 ‘小’는 형제자매 순서에서 맨 끝에 있다는 의미를 나타낸다.

:: 둥글다/圓

    (90) a. 그는 성품이 둥글둥글하다/他的性情无可挑剔.
        b. 话说得不圆/말이 완벽하지 못하다.

(90)에서 볼 수 있듯이 전이의미에서 ‘둥글다’와 ‘圓’은 양의 영역으로의 의미전이가 일어나지 않는데 이것은 ‘둥글다’의 기본의미가 양적인 것과 관련이 없는 데서 기인한다고 볼 수 있다. (90a)는 사람의 성격이나 행동이 모가 나지 않고 원만한 것을 의미하며 (90b)에서 ‘圓’은 ‘원만하다, 두루 갖추어져 있다’는 의미양상을 보이고 있다. 韓·中 양 언어에서 전이의미는 거의 비슷하나 한국어는 성격이나 행동에 주로 쓰이고 중국어는 말하는 방식에 많이 쓰인다.

:: 모나다

(91) 그는 모난 성격이라 남들과 잘 어울리지 못한다./
因为他的性格怪, 不能和他人相处得很好.

(91)에서 '모나다'는 어떤 대상의 일부가 각이 져 튀어나온 것처럼
사람의 성격도 보통 사람과 많이 다르고 두드러지다는 것을 의미한다.
이상에서 서술한 韓·中 양 언어의 공간의미 형용사의 전이의미 양
상을 도표로 표시하면 다음과 같다.

표 13. 韓·中 공간의미 형용사의 전이의미 양상

同異性	어휘	대상속성	의미 속성
同	길다/長	[시간][분량]	[+많음]
異	길다		[+번거로움]
同	짧다/短	[시간][분량]	[+적음]
		[생각][실력]	[+부족]
異	짧다	[식성]	[+까다로움]
同	높다/高	[온도, 습도, 압력] [품질, 수준, 가치] [지위, 나이]	[+기준초과]
		[명성]	[+알려짐]
同	낮다/低	[온도, 압력, 비율, 임금]	[−기준초과]
		[가치, 신분, 능력, 수준]	
同	깊다/深	[시간]	[+중심위치]
		[정, 관계], [인식]	[+초과]
異	깊다	[역사]	[+오램]
		[정도]	[+심함]
異	얕다	[마음]	[+너그러움]
		[수면]	[−깊음]
	浅	[감정, 친분]	[−깊음]
同	멀다/远	[능력, 수준]	[+부족]
異	멀다	[시간]	[+오램]
		[인간관계]	[−다정함]
同	가깝다/近	[혈연관계]	[+밀접함]

同異性	어휘	대상속성	의미 속성
異	가깝다	[시간]	[-오램]
		[인간관계]	[+다정함]
異	곧다	[마음, 성품]	[+정의로움]
	直	[성격]	[+직설적]
同	넓다/寬	[마음, 생각]	[+너그러움]
異	넓다	[판단능력, 안목][교제]	[+광범위함]
	寬	[생활]	[+풍요로움]
同	좁다/窄	[마음]	[-너그러움]
異	좁다	[내용, 범위]	[-광범위함]
	窄	[생활]	[-풍요로움]
同	두껍다/厚		[+뻔뻔스러움]
異	두껍다	[규모]	[+큼]
	厚	[인정, 믿음]	[+깊음]
		[수량, 이윤, 가치]	[+넉넉함]
同	얇다/薄		[+부끄러움]
異	얇다	[규모]	[+작음]
		[속]	[+좁음]
	薄	[관계]	[+야박]
		[액체]	[+묽음]
		[땅]	[+척박함]
同	굵다/粗	[성격]	[-여림][+대담]
異	굵다	[성격]	[-좀스러움]
			[+성장][+종사]
異	잘다	[생각][성질]	[+좀스러움]
		[일]	[+소소함]
	가늘다	[정도]	[+약함]
		[심리표현]	[-명확함]
	細	[솜씨]	[+섬세함]
		[성격, 태도]	[+면밀함][+계획성]
同	크다/大	[규모, 범위, 정도]	[+기준초과]
		[됨됨이]	[+훌륭함]
異	大	[항렬]	[+맏이]
同	작다/小	[규모, 범위, 정도, 중요성]	[-기준도달]
異	작다	[됨됨이][생각]	[+좁음]
	小	[항렬]	[+막내]
異	둥글다	[성격], [행동]	[+원만함]
	圓	[말]	[+원만함]
	모나다	[성격]	[+괴상함]

4.2.2. 청각형용사

청각형용사도 [소리]라는 구체성을 벗어나게 되면 의미의 전이현상
이 일어난다.

:: 시끄럽다[40]

> (92) 아이의 가출로 이웃집은 며칠째 시끄럽다./
> 由于孩子的出走, 邻居几天都不平静.
> 무슨 사건이 발생했기에 이 동네가 이렇게 시끄럽니?/
> 到底发生了什么事情, 这个村子这么乱?

‘시끄럽다’가 (92)에서처럼 의미가 전이되었을 경우에 사태가 ‘어지
럽다’는 의미 속성을 내포하고 있다. 즉 ‘시끄러움’을 느끼는 주체는
말썽이 생김으로 인한 사태의 어지러움을 느끼게 된다. 이때 자극의
상황은 [＋지속성]의 양상을 띠고 있으며 그 가치는 [＋부정]을 띠고
있다.

> (93) 몸이 피곤해서인지 나는 그의 칭찬도 시끄럽기만 했다./
> 可能是身体疲劳的缘故, 我都烦他的称赞.
> 여기 와서 시끄럽게 굴지 말고 너 할 일이나 해라./
> 不要到这儿来找麻烦, 干你的事情吧.

‘시끄럽다’가 (93)처럼 전이의미로 쓰일 때는 ‘성가심’의 의미 속성
을 내포하고 있다. 즉 하는 짓이나 말이 마음에 들지 않아 성가시고

---

40) 중국어 청각형용사는 비유적 · 추상적으로 의미가 전이되지 않고 있다.

귀찮다는 느낌을 받을 때 사용된다. 여기서도 그 자극상황은 [＋지속성]을 띠고 있으며 그 감각가치도 [＋부정]을 띠고 있다.

:: 떠들썩하다

> (94) 뇌물사건으로 정계가 떠들썩하다./由于賄賂事情, 政界滿城风雨.
> 영수가 상등병이 되었다고 해서 온 마을이 떠들썩한 적이 있었다./
> 因为永洙成为了上等兵, 整个村子滿城风雨.

'떠들썩하다'가 (94)에서처럼 전이의미로 쓰일 때는 '소문퍼짐'의 의미 속성을 내포하고 있다. 즉 소문이 널릴 퍼져 자자할 때 사용하는 데 여기서도 그 자극 상황은 [＋지속성]을 띠고 있으며 가치는 [＋긍정]과 [＋부정]을 다 가질 수 있다.

:: 조용하다

> (95) a. 그는 조용하게 밥을 먹고 있다./她很文静地吃着饭.
> b. 올해는 큰 사건 없이 조용하고 평화롭게 지나갔다./
> 今年没有发生大事情, 平静而和平地度过了.

[－소리]의 의미를 가지고 있는 '조용하다'는 의미의 전이가 일어나는데 (95a)에서는 말이나 행동, 성격 따위가 수선스럽지 않고 매우 얌전하다는 의미를 나타내고 (95b)에서는 말썽이 없이 평온하다는 의미를 나타낸다.

> (96) a. 이제는 고향에 내려가서 조용하게 살고 싶다./
> 现在要回到故乡, 想安静地度过日子.

b. 조용하게 일을 처리하다./偷偷地处理事情.
　　조용하게 집을 떠나다./偷偷地离家出走.

(96a)에서 화자는 원래 생존경쟁이 치열한 도시에 올라와 각박한 삶에 부대끼며 정신없이 살아왔으나, 이제는 고향에 내려와 도심지의 시끄러움이 사라진 평온한 삶을 살고 싶어 한다는 것을 말해 준다. (96b)는 어떤 일을 할 때 소리를 내지 않거나 작은 소리를 낸다는 의미도 있겠지만 공공연하지 않고 은밀하다는 의미양상을 나타낸다고 볼 수 있다.

:: 잠잠하다

(97) 정세가 조금 잠잠하게 되면 돌아올 테다./
　　只要事态稍微稳定下来, 他就回来的.

(97)에서 [-소리]의 의미를 가지고 있는 '잠잠하다'는 원래 시끄럽던 분위기나 활동 따위가 소란하지 않다는 의미로 전이가 되어 쓰이고 있다.

　그러나 중국어 청각형용사는 의미가 전이되는 예를 보이지 않고 있다. 이상에서 서술한 청각형용사의 추상적·비유적 전이의미 양상을 도표로 표시하면 다음과 같다.

표 14. 청각형용사의 전이의미 양상

同異性	어휘	의미 속성
차 이 성	시끄럽다	[+어지러움], [+성가심]
	떠들썩하다	[+퍼짐]
	조용하다	[+얌전함], [+평온함], [+은밀함]
	잠잠하다	[-소란]

4.2.3. 후각형용사

여기서는 원래 후각을 나타내는 후각형용사가 후각을 나타내지 않고 추상적·비유적 의미를 나타내는 양상에 대해서 살펴보도록 한다.

:: 구리다/臭

> (98) a. 구린 행동/龌龊的行动
>   b. 당신이 어떻게 생각할지 몰라도 나는 아무 구린 데가 없다./
>   我不知道你会怎么想, 但我没有可疑的地方.

(98a)에서 '구리다'는 하는 짓이나 행동이 보는 사람의 마음에 들지 않게 지저분하다는 의미를 갖고 있으며 (98b)에서 '구리다'는 말이나 행동이 떳떳하지 못하고 다른 사람의 의심을 자아낸다는 의미를 갖고 있다. (98)은 모두 부정적 감정을 수반하고 있다.

> (99) a. 他的名声很臭./명성이 아주 나쁘다.
>   b. 臭东西又惹事了./몹쓸 자식이 또 일을 저질렀구먼.
>   c. 我的外语水平很臭./나의 외국어 수준이 형편없다.

(99a)에서 '臭'는 명성이나 평판 같은 것이 좋지 않은 상태를 나타내며 (99b)에서 '臭'는 인간답지 않은 행동을 하는 저질적 상태를 나타낸다. (99c)의 '臭'는 수준, 기술 등이 서툴거나 익숙하지 못하다는 의미를 나타낸다.

:: 비리다/腥

(100) a. 네가 주는 것이 비리다./因为你给的东西太少, 看不上.
      b. 너의 말이 비리다./你的话使人恶心.
      c. 비린내 나는 동생에게서까지 모욕을 받아야 하니?/
         竟会受到乳臭未干的弟弟的侮辱？

(100a)의 '비리다'는 무엇을 주는 양이 너무 적어 받는 사람의 눈에 차지 않는다는 의미를 나타내며 (100b)의 '비리다'는 하는 짓이나 말이 치사하고 곁에서 보기에 아니꼽다는 의미를 나타내고 있다. (100c)에서 '비리다'는 상대방이 나이가 어리다는 것을 의미하는데 그 상대를 얕잡아 보는 느낌도 있다.

'비리다'의 기본의미에 해당하는 중국어 '腥'은 의미 전이의 예가 보이지 않는다.

:: 고소하다, 구수하다/香

(101) a. 난 아버지한테 야단을 맞고 있는 동생이 고소하게 느껴졌다./
         看到被爸爸挨骂的弟弟, 我感到幸灾乐祸.
      b. 그는 구수한 이야기를 잘한다./他很会讲饶有风趣的故事.
      c. 그는 사람됨이 구수하다./他为人很好.

(101a)에서 '고소하다'는 속으로 은근히 미워하던 사람이 화를 당하거나 잘못되는 것을 보고 속이 시원하고 재미있어 한다는 의미를 갖고 있다. (101b)에서 '구수하다'는 말, 이야기 등이 소박하다는 의미를, (101c)는 소탈하고 은근하면서도 편안한 사람의 마음을 끄는 느낌이 있음을 나타내는데 이런 의미를 중국어로 완전히 나타낼 수가 없다.

(102) a. 这饭真香./밥이 참 맛있다.

b. 这两天吃饭不香./요즈음은 입맛이 없다.

c. 睡得正香./달콤하게 자고 있다.

(102a)에서 '香'은 음식이 맛있다는 의미를 나타내고 (102b)에서 '香'은 입맛이 좋다는 의미양상을 보이고 있으며 (102c)에서 '香'은 잠이 달콤하다는 의미를 나타낸다.

(103) a. 这种货在农村很香./이런 상품은 농촌에서 크게 환영받는다.

b. 他们俩有时候香，有时候臭./
그들 두 사람은 사이가 좋았다 나빴다 한다.

(103a)에서 '香'은 인기가 있거나 평판이 좋으며 환영받는다는 의미양상을 보이며, (103b)에서 '香'은 사람 사이가 좋거나 친밀하다는 의미양상을 나타내고 있다.

'고소하다'와 '구수하다', 그리고 중국어 '香'은 그 전이의미에서 공통점을 보이지 않고 각기 다른 전이의미를 나타내고 있지만 그 감각가치는 모두 [+긍정]임을 알 수 있다. 이것은 '고소하다', '구수하다', '香'의 기본의미가 모두 '긍정'의 양상을 보이고 있으므로 그 전이의미도 '긍정적'인 양상을 보이게 된다고 생각된다.

이상에서 살펴본 후각형용사의 전이의미 양상을 도표로 표시하면 아래와 같다.

표 15. 韓 · 中 후각형용사의 전이의미 양상

同異性	어휘	의미 속성
차 이 점	구리다	[＋지저분함], [－떳떳함]
	臭	[－우호], [＋저질]
	비리다	[－만족][＋아니꼬움]
	고소하다	[＋흐뭇함]
	구수하다	[＋소박], [＋소탈], [＋편안함]
	香	[＋입맛], [＋우호]

4.2.4. 미각형용사

'맛'을 나타내는 미각형용사의 기본의미는 추상적 · 비유적으로 전이되어 쓰이기도 한다. 즉 미각에 의한 느낌이 미각이 아닌 다른 상황에 적용되어 쓰이는 경우이다. 아래에 이러한 전이가 한국어와 중국어에서 어떠한 양상을 보이는지를 살펴본다.

:: 달다/甜

(104) a. 낮잠을 달게(달콤하게) 잔다./午觉睡得真香(甜).

　　　 꿈을 달게 꾸다./做美梦.

　　b. 보리밥이 달다./大麦饭味道好.

　　c. 벌을 달게(달갑게) 받다./欣然接受处罚.

　　　 나라를 위해 달게 생명을 바쳤다./为了国家心甘情愿地献出了生命.

(104a)에서 '달다'는 편안하고 포근하거나, 흡족하여 기분이 좋다는 의미를 나타내고, (104b)는 입맛이 당기도록 맛이 있다는 의미를 나타내며 (104c)에서는 주로 '달게' 꼴로 쓰여 거리낌이나 불만이 없고 마

땅하여 기껍다는 의미를 나타낸다.

> (105) a. 달콤한 사랑에 빠져 있다./甜蜜的爱情.[41]
> b. 달콤한 말로 여자를 유혹한다./用甜言蜜语[42]诱惑女人.
> c. 단물만 빨아먹다./吸收其中的精华.
> d. 들척지근한 태도/不痛快的态度.

　(105a)에서는 주어가 매우 행복한 상태에 빠져 있음을 나타낸다. '달콤하다'는 것은 현실에서의 만족도가 상당히 높은 상태를 말하는데 현실을 마치 꿈처럼 환상적으로 느끼고 있는 경우이다. 흥미가 나게 아기자기하거나 간드러진 느낌이 있다는 의미로 전이되었다. (105b)는 상대방에 대한 '회유'를 목적으로 한다는 의미인데 이때 '달콤하다'는 부정적인 의미일 수 있다. (105c)에서 '달다'는 이익을 의미하며 (105d)에서 '들척지근하다'는 산뜻하지 못하고 끈적거림, 즉 썩 좋아하지 않는 태도를 나타낸다.

> (106) a. 话说得真甜./달콤하게 이야기하다.
> b. 我们的日子现在甜多了./우리들의 생활은 이제 훨씬 좋게 되었다.
> c. 甜活儿/쉽고 보수가 많은 일

　(106a)에서 '甜'은 말이 달콤하다는 의미를 나타내기도 하고 남이 들으면 기분이 좋게 비위에 맞는 말을 한다는 의미도 나타내고 있다. (106b)에서 '甜'은 생활이 즐겁고 행복하며 기분 좋다는 의미를 나타

---

41) 한국어에서는 '달콤하다'가 전이되어 유쾌하고 편안하며 행복한 생활 같은 것을 나타내지만 중국어 '甜蜜'은 미각을 나타내지 않고 이런 상황에만 제한되어 쓰이는 단어이다.

42) 한국어의 '달콤한 말'이라는 의미에 해당하는 중국어의 성어가 따로 존재한다.

내며, (106c)에서 '甛'은 수월하면서도 수입이 좋다는 의미를 나타내
는데 이런 의미들은 다 긍정적이라고 볼 수 있다. '달다'계열 형용사
의 전이의미가 다 긍정적인 것은 인간이 '단맛'을 가장 선호하기 때문
이 아닌가 싶다.

:: 쓰다/苦

> (107) a. 입맛이 써서 맛있는 게 없다./因为没有胃口, 吃什么都不好吃.
> b. 쓴 추억/惨痛的回忆
> c. 쓴웃음/苦笑
> d. 그가 나를 흉본다는 것은 뒷맛이 쓴 일이 아닐 수 없다./
> 她在背后说我坏话的事真让我感到郁闷.

(107a)에서 '쓰다'는 입맛이 없다는 의미를 나타내고 있으며 (107b)
는 어떤 일에 대한 실패나 좌절, 손해 등으로 마음이 아프다는 의미를
나타낸다. (107c)에서 '쓰다'는 상대방의 태도나 행동이 화자가 보기
에 맘에 들지 않지만 상대방의 체면을 고려해서 마지못해 웃어주는
웃음을 의미하는데 중국어 '苦笑'의 의미도 '쓴웃음'과 같은 의미를
나타내고 있다. (107d)에서 '쓰다'는 어떤 원인으로 하여 마음이 개
운하지 않고 찜찜하다는 의미를 나타내고 있다.

> (108) a. 그는 그렇게 친했던 친구가 자신을 흉본다는 말에 씁쓸해했다./
> 她听到最亲近的朋友在说自己坏话的话后, 感到很失望.
> b. 그는 이 과장의 행동에 씁쓸해했다./他对李科长的行为感到失望.

(108a)에서 행동주인 '그'가 느끼는 감정은 믿었던 친구에 대한 배

신감과 아쉬움, 그리고 거기서 느껴지는 좌절감 등이다. 이러한 느낌
은 (108b)에서도 마찬가지다.

(109) 苦日子总算度过来了./괴로운 날들을 드디어 지내 왔다.
　　　苦[43]活儿/고된 일

(109)에서 '苦'는 정신적으로나 육체적으로 '고통스럽다, 고생스럽
다, 고되다, 괴롭다'는 의미를 나타내고 있다.

'쓰다'와 '苦'는 그 전이의미에서 태도가 [억지로]라는 의미에서 같
을 점을 보일 뿐, 기타 의미는 모두 다른 양상을 보이고 있는데 '쓰다'
는 [−입맛], [+아픔], [+찜찜함] 등의 의미양상을, '씁쓸하다'는 [+
실망] 등의 의미양상을 보이고, '苦'는 [+고통], [+고됨] 등 의미양상
을 보인다.

:: 시다/酸

(110) a. 경희의 행동은 눈이 시어 못[44] 보겠다./京姬的行为真是看着不顺眼.
　　　 b. 입에 신물이 나도록 말하다./话反复说了好多次.

(110a)에서 '시다'가 화자의 불만을 노출시키기는 했지만 실제로 주
어가 어떤 도덕이나 윤리, 법적인 측면에서 크게 벗어날 정도의 행위

---

43) 指甲剪得太苦了./손톱을 너무 바투 깎았다.
　　위의 예문에서 '苦'는 잘라서 제거하는 것이나 손실되는 것의 정도가 너무 지나치다 또는 정
　　도를 넘는다는 의미를 갖고 있는데 이것은 북경방언에서 많이 쓰이고 있다.

44) '못 보겠다'의 '못'은 남기심 · 고영근(1991)에서 행동주의 의지가 아닌 그의 능력이나 그 외
　　의 다른 외부의 원인 때문에 그 행위가 일어나지 못하는 것을 표현할 때 쓰이는 동사라고 했
　　는데, 여기서 '못 보겠다'의 의미는 능력 부정이라기보다 의도 부정의 의미가 더 강하다.

를 저지른 것은 아니다.

다만 다른 사람이 하는 짓이 화자의 눈에 거슬려 아니꼽다는 느낌을 준다는 의미를 나타내고 있다. 그러나 이것은 다른 사람에게도 똑같은 현상으로 받아들여지는 것은 아니다. (109b)는 관용적으로 전이되어 같은 말을 싫증이 날만큼 되풀이하는 것을 말한다.

(111) a. 令人酸怀/사람의 마음을 아프게 하다.
　　　 b. 酸鼻/콧날이 시큰하다(찡하다).
　　　 c. 酸秀才/옹색한 선비.

중국어 예문 (111)에서 '酸'은 '비통하다, 슬프다, 마음이 아프다'는 의미로 전이되었으며 (111b)는 마음이 아프거나 감동을 받아 눈물이 좀 나오기 직전의 느낌을 나타내고 있다. (111c)에서 '酸'은 학자, 문인들이 세상물정을 잘 몰라 정해진 규칙이나 규정에 따라서만 일을 처리하려고 할 뿐 융통성이 있게 일을 처리하지 못하고 옹색하다는 것을 나타낸다.

'시다'와 '酸'은 전이의미에서 공통점을 찾을 수 없는데 '시다'는 [＋아니꼬움][＋싫증]의 의미양상을 보이며 '酸'은 [＋슬픔], [－융통성] 등의 의미양상을 보이고 있다.

:: 짜다/咸

(112) a. 그는 아주 짠 사람이라 친구에게 밥 한 끼 사는 일이 없다./
　　　　 他很抠, 我没见过他给朋友买顿饭吃.
　　　 b. 그 선생님은 학점을 짜게 주신다. 那位老师分数给得很低.
　　　 c. 그 회사는 봉급이 짜다./那家公司工资给得少.

(112)에서 '짜다'는 인색하다는 의미를 나타내고 있는데 (112a)에서
는 마음 쓰는 것이 후하지 못하고 인색하다는 의미를 나타내고 있으
며, (112b)에서 '짜다'는 선생님이 성격상 객관적이고 원리원칙을 고
수하므로 대개 평균적으로 주어지는 점수보다 낮은 점수를 주거나,
학생이 점수를 받을 때 사용된다. 높은 점수를 쉽게 주지 않는다는 의
미를 나타낸다. (112c)에서 '짜다'는 봉급이 하는 일에 비해서 많지 않
음을 나타낸다. (112b, c)에서 비록 '학생들에게, 직원들에게' 등 상대
가 생략되었지만 의미해석에서는 간과할 수 없는 부분이다. 이것은
'달다', 쓰다' 등과 달리 '짜다'는 방향성의 의미 속성을 가지고 있다
는 것을 의미하며, '짜다'는 주어가 상대방에 대해서 행하는 행위와
관련되어 있다. 그리고 '짜다'를 점수에 대해서는 '낮다', 봉급에 대해
서는 '적다'로 해석될 수 있는데 이는 '짜다'의 의미 속성을 [+소량]
으로 규정할 수 있게 해 준다. '짜다'의 기본의미는 '소금기 많다'는
것이다. [+소량]의 의미 속성은 인간이 소금기가 많은 음식을 적게
먹게 되는 것과 일정한 연관이 있다고 생각한다.

(113) a. 짭짤한 예물/值钱的礼物
　　　 b. 살림살이가 짭짤하다./日子过得殷实.
　　　　 장사가 짭짤하다./买卖有甜头.
　　　　 부업으로 짭짤한 재미를 보다./搞副业尝到了甜头.

(113a)에서 '짭짤하다'는 값지고 귀하다는 의미를 나타내고 있으며,
(113b)에서 '짭짤하다'는 하는 일이 실속 있고 알차다는 의미양상을
보이고 있다. 이것은 '짭짤하다'가 기본의미에서 '입맛에 적당히 맞게
짜다'는 만족의 의미를 갖고 있으므로 그 전이의미에서도 긍정적인

양상을 보인다고 생각한다.

(114) a. 살림솜씨가 찝찔하다./做家务的手艺不太满意.
　　　　왠지 결과가 찝찔하다./不知为什么结果不能令人满意.
　　 b. 그의 모습이 여전히 눈에 삼삼하다.45)/他的模样仍然历历在目.

(114a)에서 '찝찔하다'는 하는 일이 마음에 못마땅하다는 의미를 나타내는데 이 전이의미도 '찝찔하다'가 기본의미에서 '짠 정도가 마음에 들지 않다'는 의미를 나타내는 것과 일정한 연관이 있어 부정의 양상을 보인다고 생각한다. (114b)에서 '삼삼하다'는 눈앞에 얼른거릴 정도로 분명하게 기억되는 상태를 나타낸다.

중국어 '咸'은 전이의미를 보이지 않고 있다. 한국어 '짜다'는 [+소량], [+방향]의 의미 속성을, '짭짤하다'는 [+귀함], [+실속]의 의미 속성을 보이며, '찝찔하다'는 [+못마땅함], '삼삼하다'는 [+기억]의 의미 속성을 보이고 있다.

:: 싱겁다/淡

(115) a. 싱거운 사람이 되다./成了无聊的人.
　　 b. 그런 싱거운 소리는 그만 해라./别扯淡.
　　　　그는 싱거운 질문을 잘한다./他爱提莫名其妙的问题.

'싱겁다'는 보통 주어의 행위가 야무지지 못하고 어딘지 어설픈 모습을 띨 때 사용되며 간혹 키 큰 사람을 두고 부정적인 의미로 사용되기도 하는데, (115a)에서는 약속을 잘 지키지 않는다거나 계획성이 부

---

45) '삼삼하다'는 미각의 정도가 '짭짤하다'와 '찝찔하다'의 정도보다는 약하다고 볼 수 있다.

족하다는 의미를 보이며 (115b)는 사람의 말이나 행동이 상황에 어울리지 않고 다소 엉뚱한 느낌을 주는 의미를 나타낸다.

(116) 약을 재탕하면 싱겁게 된다./熬了两次的中药, 味道不纯.
장마철에는 햇빛을 못 봐서 과일들이 싱겁다./
在雨季, 因为水果见不到阳光, 味道不正.

(116)에서 '싱겁다'가 소금기가 적다는 의미를 나타내지 않고 술이나 담배, 한약 따위의 맛이 진하지 않고 약하다는 의미를 갖고 있다.

(117) a. 돈을 거는 내기가 아니면 싱겁다./不是赌钱的, 没意思.
무슨 소설이 이렇게 싱겁게 끝나니?/这小说结尾怎么这么没劲?
싱거운 승부/没劲的结果
b. 나무 한 그루가 우두커니 싱겁게 서 있다./有一颗孤零零的树.
그 사진은 잡지 표지치고는 좀 싱겁다./作为杂志的封面有点单调.

(117a)에서 '싱겁다'는 어떤 행동이나 말, 글 따위가 흥미를 끌지 못하고 흐지부지하다는 의미를 나타내며 (117b)는 물건이나 그림의 배치에 빈 곳이 많아 야물지 못하고 엉성하다는 의미를 보이고 있다.

(118) a. 态度很淡/태도가 냉담하다.
b. 淡季/불경기 계절
c. 扯淡/쓸데없는 이야기를 하다.

(118a)에서 '淡'은 냉담하다, 성의가 없다는 의미를 나타내고, (118b)에서 '淡'은 영업이 부진하다, 불경기에 있다는 의미를 나타내며, (118c)에서 '淡'은 무의미하다, 별로 중요하지 않다는 의미양상을 나

타내고 있다.

'싱겁다'와 '淡'도 전이의미에서 공통점을 보이지 않고 있는데 '싱겁다'는 [－계획성], [－약속성], [＋엉뚱함], [－흥미], [＋엉성함]의 의미 속성을 보이며, '淡'은 [＋냉담], [＋불경기], [－유용] 등의 의미 속성을 보이고 있다.

:: 맵다/辣

> (119) a. 눈초리가 맵다./目光很凶.
>   b. 성미가 맵다./脾气很厉害.
>   c. 그는 일마다 맵게 잘 처리한다./每一件事情办得都很利落.
>   d. 매운 시집살이/令人喘不过气的婆家生活.

(119a)에서 '맵다'가 쓰임으로 시각적 대상인 눈초리는 보는 사람으로 하여금 심리적으로 무서움을 느끼게 하는 것이다. 이는 '맵다'의 부정적 측면이라고 할 수 있다. (119b)에서 '맵다'는 성미가 사납고 독하다는 의미를 나타내며, (119c)에서 '맵다'는 하는 일이 빈틈없고 야무지다는 의미를, (119d)에서 '맵다'는 정신적 또는 육체적으로 고되거나 숨 막힌다는 의미양상을 나타낸다.

> (120) a. 切葱头辣⁴⁶⁾眼睛./양파를 썰면 눈이 맵다.
>   b. 他的手段很辣./그의 수단은 매우 잔인하다.

(120a)에서 '辣'은 눈, 코, 입 등에 강한 자극을 준다는 의미를 나타내는데 동사의 기능을 하고 있는 것이다. (120b)에서 '辣'은 수단

---

46) 원래 형용사이던 '辣'이 여기서는 동사의 기능을 한다고 볼 수 있다.

이나 방법 등이 지독하거나 잔인하다는 의미로 전이되었다. 이것은 '辣'이 기본의미에서 자극성이 강한 것과 연관이 있다고 판단된다.

:: 떫다/澁

> (121) a. 떫은 표정을 짓고 있다./不满意的表情.
>   떫은 대꾸를 하다./不满意的回答.
>   b. 떫은 수작/不像话的行动
>   c. 떨떠름한 기분/不乐意的心情

(121a)에서 '떫다'는 하는 짓이나 말이 덜되고 못마땅하다는 의미로, (121b)에서는 하는 짓이 덜되고 떨떨하다는 뜻으로 모두 부정적인 평가를 수반하고 있다. (121c)는 마음에 선뜻 내키지 않거나 별로 달갑지 않은 기분을 나타낸다.

> (122) 轮轴发涩, 该上油了./회전축이 뻑뻑해서 기름을 쳐야겠다.

(122)에서 '澁'은 "매끄럽지 않다, 원활하지 않다"는 의미 양상을 보이고 있다.

'떫다'와 '澁'도 전이의미에서 공통점을 보이지 않는다. '떫다'는 [＋못마땅함], [＋떨떨함], [－달가움] 등의 의미 속성을 보이며, '澁'은 [－원활]의 의미 속성을 보인다.

이상에서 서술한 韓·中 미각형용사의 비유적·추상적인 전이의미 양상을 도표로 표시하면 다음과 같다.

표 16. 韓 · 中 미각형용사의 전이의미 양상

同異性	어휘	의미 속성
공통점	달다/甛	[+편안함] [+흡족함]
	쓰다/苦	[+언짢음]
차 이 점	달다	[+맛], [+마땅함], [+이익]
	달콤하다	[+다정함]
	들척지근하다	[−산뜻함]
	甛	[+(수월함 +수입)]
	쓰다	[−식욕]
	씁쓸하다	[+배신감]
	苦	[+괴로움], [+고됨]
	시다	[+아니꼬움], [+싫증]
	酸	[+슬픔], [−융통성]
	짜다	[+인색], [+소량]
	짭짤하다	[+귀함], [+실속]
	찝찔하다	[+못마땅함]
	삼삼하다	[+그리움], [+호감]
	싱겁다	[−계획], [+엉뚱함], [−흥미][+엉성함]
	淡	[+냉담], [+불경기], [−유용]
	맵다	[+사나움], [+야무짐], [+고됨]
		[+자극], [+잔인]
	떫다	[+떨떨함], [+못마땅함]
	떨떠름하다	[−달가움]
	澀	[−원활]

4.2.5. 촉각형용사

　촉각의미는 어떤 대상에 신체의 일부가 직접적 혹은 간접적으로 접
촉함으로써 감각되는 느낌을 말한다. 민족이 다르고 언어가 다르고
그들의 역사적 사회적 조건이 다르기 때문에 그 단어의 기본의미로부

터 생길 수 있는 연상도 같지 않을 수 있다. 그러므로 단어의 전이의미도 완전히 같을 수 없다. 아래에 한중 촉각형용사의 비유적·추상적인 전이의미 양상을 살펴보기로 한다.

4.2.5.1. 표면촉각

표면촉각은 주로 피부와의 직접적인 접촉에서 감각되는데 여기서는 표면촉각 형용사의 전이의미 양상을 살펴보도록 한다.

:: 거칠다/粗糙, 粗

> (123) a. 거친 대화가 오갔다./进行了粗鲁的对话.
> b. 그는 일하는 솜씨가 거칠다./他做事的手艺粗.
> c. 그는 성격이 거칠어 싸움하기가 일쑤다./因为他性格粗暴经常打架.
> d. 거친 세상에서 장사를 하기가 어렵다./在险恶的世上, 很难做生意.

(123a)에서 '거칠다'는 말투가 세련되지 못하고 그 내용이 점잖지 못하며 막되다는 것을 나타낸다. (122b)에서 '거칠다'는 찬찬하거나 야무지게 일을 못 하고 대충대충 하는 것을 의미하는데 중국어 '粗'도 이런 의미로 전이된다. (123c)는 행동이나 성격이 사납고 공격적인 면이 있으며, (123d)에서 '거칠다'는 인정이 메마르고 살기에 험악하다는 의미양상을 보이고 있다. 중국어 '粗暴'은 사람의 성격, 구체적인 행위, 언어가 거칠다는 것을 나타내는데 '난폭함'에 치우치는 편이고, '粗鲁'도 주로 사람의 성격 혹은 행위, 태도에 사용될 수 있으나 이것은 '경솔함'에 치우치는 편이다.

(124) a. 거친 땅을 일구어 옥토로 만들었다./把贫瘠的土地改变成肥土.
　　　 버스가 거친 도로를 달린다./巴士行驶在坑坑洼洼的路上.
　　b. 거친 바다/狂澜的大海
　　　 바람이 거칠다./狂风

(124a)에서 '거칠다'는 '땅이 손질이 제대로 되지 않아 지저분하다'
는 의미를 나타내며 (124b)에서 '거칠다'는 날씨, 바람 따위가 험하고
거세다는 의미를 나타내는데, 중국어 '粗, 粗糙'는 이런 의미로 전이
되지 않고 있다.

(125) a. 서툴고 거칠지만, 진실이 담긴 글이다./
　　　 虽然是粗糙的文章, 但有真实感.
　　b. 거친 숨을 내쉬다./喘粗气

(125a)에서 '거칠다'는 글이나 그림이 세련되거나 점잖지 못하고 막
되다는 것을 나타내며, (125b)에서 '거칠다'는 숨소리나 기침 따위가
고르지 않고 세다는 의미를 나타낸다. 중국어 '粗'는 숨소리에, '粗糙'
는 문장에 제약적으로 쓰여 한국어 '거칠다'의 전이의미와 같은 전이
의미를 나타낸다.

'거칠다'와 '粗糙'는 글, 그림 등이 [−세련됨], '거칠다'와 '粗'는 숨
소리, 기침이 [−고르로움] 등 면에서 공통점을 보인다. 그 외에 '거칠
다'는 [+막됨], [−야무짐], [−인정], [+지저분함], [+거셈] 등의 의
미 속성을 더 보인다.

:: 부드럽다

> (126) a. 태석은 부친에게서 부드러운 말 한마디 들어본 적이 없었다./
> 　　　太锡从父亲那儿没有听到一句温和的话.
> 　　　그녀의 눈길이 부드럽다./他的目光很温情.
> 　　b. 일이 부드럽게 풀려 간다./事情解决得很顺利.
> 　　　기름칠을 한 기계가 부드럽게 돌아간다./
> 　　　上了油的机器, 转得很顺畅.

(126)는 '부드럽다'가 비유적으로 쓰인 예인데 (126a)는 성질이나 태도가 억세지 않고 매우 따뜻하다는 의미를 나타낸다. 중국어는 태도에는 '溫和', 눈길에는 '溫情'이란 단어를 사용하는데 역시 단어의 사용이 지칭대상의 제한을 받고 있다. (126b)의 '부드럽다'는 일의 형편이나 동작이 뻑뻑하지 아니하고 수월하게 진행된다는 의미를 가지고 있다.

한국어 '부드럽다'는 비유적·추상적으로 의미의 전이가 일어나지만 '부드럽다'의 기본의미에 대응되는 '柔軟, 柔和, 細嫩' 등은 비유적·추상적으로 의미가 전이되지 않는다. '부드럽다'가 나타내는 비유적·추상적 의미를 중국어에서는 '溫和, 溫情' 등 단어가 그 의미를 나타낸다.

'부드럽다'는 [＋따뜻함], [＋수월함][－뻑뻑함] 등의 의미 속성을 보인다.

:: 굳다, 딱딱하다/硬

> (127) a. 그는 갑자기 표정이 굳어졌다./她的表情突然呆滞了.
> 　　b. 그들은 굳은 약속을 하고 갈라졌다./他们许下坚定的承诺后分手了.

그는 뜻이 굳은 사람이기에 꼭 성공할 것이다./
他是意志坚强的人, 一定会成功的.

(127)은 '굳다'의 기본적 의미가 비유적으로 전이된 예인데 (127a)는 성이 나거나 놀라서 표정이 변하지 않는다는 의미를 나타낸다. 그러나 중국어에는 이런 상황에만 쓰이는 단어 '呆板'이 존재하고 있다. (127b)에서 '굳다'는 흔들리거나 바뀌지 아니할 만큼 힘이나 뜻이 강하다는 의미를 나타내는데 '굳다'의 기본의미에 대응되는 중국어 '硬'은 '굳다'와 같은 전이의미를 나타내지 않고 이런 의미를 가지고 있는 '堅定'이나 '堅强'이 쓰인다.

(128) 그 굳은 사람이 밥을 샀다니, 내일 해가 서쪽에서 뜨겠네./
那个吝啬鬼请客了? 明天太阳要从西边出来啦!

(128)에서 '외부의 힘에 저항하는 정도가 크다'는 '굳다'의 기본의미가 재물을 아끼고 지키는 성질이 있다는 의미로 전이하였다.

(129) a. 그는 말투가 너무 {굳어서, 딱딱해서} 말 걸기가 꺼려진다./
因为他的语气太生硬了, 不愿跟他搭话.
b. 사무실 분위기가 너무 {*굳다, 딱딱하다}./办公室的气氛很沉重.

(129a)와 같이 한국어는 말투에 '굳다'와 '딱딱하다'가 다 사용되어 부드럽지 못하다는 의미를 나타내는데 '딱딱하다'가 '엄격하다'는 의미를 더 가지고 있다고 볼 수 있다. 중국어는 말투, 태도 등이 엄하고 부드럽지 못하다는 의미를 나타내는 단어 '生硬'이 따로 존재한다. (129b)에서처럼 태도나 분위기 따위가 부드러운 맛이 없이 엄격하다

는 의미를 나타낼 때는 보통 '딱딱하다'가 사용된다.

(130) a. 他是个硬汉子./그는 견강한 사나이이다.
b. 新领导班子很硬./새 지도층은 능력이 대단하다.

(130)는 중국어 '硬'의 의미가 전이된 예인데 '硬'의 기본의미가 (130a)에서는 '견강하다'로, (130b)에서는 능력이나 대오가 아주 강하고 대단하다는 의미로 전이된 것이다. 이것은 한국어 '굳다'의 전이의미와 완전히 다른 양상을 보이고 있다.

'굳다'는 [－표정], [＋강함], [＋인색], [－부드러움]의 의미양상을 나타내고 '딱딱하다'는 [－부드러움] [＋엄격함]의 의미양상을 나타낸다. 중국어 '硬'은 [＋견강함], [＋대단함] 등의 의미양상을 나타낸다.

:: 무르다/软

(131) a. 마음이 그렇게 물러서야 어떻게 이 험한 세상을 살아가겠느냐?/
心那么软, 怎么能在这个世上活得下去呢?
그는 물러 터져서 언제나 먼저 사과를 한다./他心太软, 总是先道歉.
b. 남자가 그렇게 아귀가 물러 어디다 써먹겠니?/
一个大男人心那么软, 怎么办呢?

(131a)에서 '물기가 많아 단단하지 않다'는 '무르다'의 기본의미가 '마음이 여리거나 힘이 약하다'는 의미로 전이된 것이다. 중국어 '軟'도 한국어와 똑같은 의미로 전이된다. (131b)에서 '아귀가 무르다'는 관용어적으로 쓰여 역시 마음이 굳세지 못하고 남에게 잘 꺾인다는 의미를 나타내고 있다.

(132) a. 语气越来越软./말씨가 점점 부드러워지다.
     b. 吓得浑身都软了./깜짝 놀라서 온몸이 나른해졌다.
     c. 他的功夫太软了./그의 기술이 너무 형편없다.

(132)는 '軟'의 기본의미가 전이된 것인데 (132a)에서 '軟'은 태도, 말 따위가 강경하지 않고 부드럽다는 의미를 나타내고 (132b)에서 '軟'은 맥이 풀려 나른하다는 의미로 전이된 것이며 (132c)는 능력이 약하거나 품질이 나쁘다는 의미로 전이된 것이다. 이와 같은 의미전이는 한국어 '무르다'에서 보이지 않는 의미 전이인 것이다.

'무르다'와 '軟'은 마음이 [+여림]이라는 의미에서 공통점을 보이고 있다. 그 외에 '軟'은 말씨, 태도 등이 [+부드러움], [+나른함], 능력이 [+모자람], [+저질] 등 의미양상을 더 보이고 있다.

:: 매끄럽다/滑

(133) 매끄러운 문장은 이해하기도 쉽다./通顺的文章容易理解.
     아나운서가 매끄럽게 뉴스를 진행한다./播音员很流利地进行新闻报道.

(133)에서 '매끄럽다'의 기본의미가 비유적으로 전이되었는데 그것은 '글이나 말에 조리가 있고 거침이 없다'는 의미를 나타내고 있다. 이 전이된 의미의 감각가치도 역시 긍정적이다.

(134) 那个人太滑了, 打交道的时候要小心点儿./
     그 사람은 너무 교활하니 사귈 때 조심해.

(134)에서 '滑'은 '거침없이 저절로 밀려나갈 정도로 번드럽다'는

기본의미가 '교활하다'는 의미로 전이된 것이다. 이것은 한국어 '반드럽다'의 전이의미와 같은 양상을 보이고 있다.

'매끄럽다'와 '滑'은 전이의미에서 공통점을 보이지 않고 있는데 '매끄럽다'는 [+조리]의 의미양상을 보이며 '滑'은 [+교활]의 의미양상을 보인다.

이상에서 서술한 표면촉각형용사의 추상적·비유적인 전이의미 양상을 도표로 표시하면 아래와 같다.

표 17. 韓·中 표면촉각형용사의 전이의미 양상

同異性	어휘	의미 속성
공통점	거칠다/粗 무르다/軟	[-세련됨][-고르로움] [+여림]
차 이 점	거칠다	[+막됨] [+사나움] [-인정]
	粗/粗糙	[+지저분함] [+거셈]
	부드럽다	[+따뜻함][-빡빡함]
	굳다	[+부드러움][-표정][-인색][+의지]
	딱딱하다	[+부드러움][+엄격]
	硬	[+견강][+강함][+대단함]
	軟	[+부드러움][+나른함][+저질]
	매끄럽다	[+조리]
	滑	[+교활]

4.2.5.2. 온도형용사

여기서는 환경과 기후 조건에 따라 혹은 온도의 높낮이에 따라 그 감각 상태와 정도를 표현하는 온도형용사의 전이의미 양상에 대해서 고찰하고자 한다. 단어의 의미가 기본적 의미에서 의미가 전이되는 것은 일반적인 현상이다. 이러한 점에 착안하여 온도형용사가 기본적인 의미 이외에 어떠한 전이의미를 가지고 있는가에 논의의 초점을 둔다.

4.2.5.2.1. 冷感類 온도형용사

:: 冷47)

> (135) a. 他的态度很冷./그는 태도가 매우 쌀쌀하다.
>   b. 他常常用冷字, 让人尴尬./
>   그는 보기 드문 글자를 사용해서 사람을 난처하게 한다.
>   c. 过去地质学是冷门儿./과거에 지질학은 인기가 없는 학문이었다.
>   d. 打冷枪是不光明的行为./
>   불시에 남의 허를 찌르는 것은 공명정대한 일이 아니다.

(135)에서 '冷'은 전이되어 사용되었는데 (135a)의 '冷'은 태도가 아주 차갑고 쌀쌀하다는 의미를 나타내며, (135b)에서 '冷'은 잘 알지 못한다는 생소하다는 의미를, (135c)에서 '冷'은 사람들의 관심을 불러일으키지 못하고 인기가 없다는 의미를 나타낸다. (135d)에서는 '冷'은 불시에 갑자기라는 의미를 나타내고 있다. 이런 전이의미들은 '冷'의 기본의미의 감각가치와 마찬가지로 [＋부정]의 감각가지를 가시고 있다고 할 수 있다.

:: 차갑다/凉

> (136) a. 오랜만에 만난 친구를 차가운 표정으로 대했다./
>   用冷淡(冷漠)的表情对待好久没见的朋友.

---

47) '冷'은 '춥다'의 기본의미에 대응된다. 그러나 한국어 '춥다'는 의미가 전이되지 않는다.

b. 차가운 사람은 가까이하기가 어렵다./很难接近冷淡(冷漠)的人.
c. 차가워 보이는 사람이 이성적일 수 있다./
看起来很冷淡(冷漠)的人可能更理智.

(136)의 한국어 예문에서 '차갑다'는 그 의미가 전이된 경우이다. (136a)에서 '차갑다'는 불만이나 좋지 않은 감정을 가질 때 나타나는 느낌이다. (136b)에서 '차갑다'는 내면적 속성인 성격을 표현하고 있는데 인정이 없고 냉정한 성격을 나타낸다. 여기서 냉정하다는 것은 감정의 변화를 쉽게 일으키지 않거나 또는 쉽게 충동하지 않는 것을 의미한다. 그리고 인정이 없다는 것은 말 그대로 다른 사람에 대한 배려나 이타적인 그 어떤 행동도 하지 않고 인색하다는 뜻이다. 이것은 추상적인 의미 속성, 즉 사람의 내면적인 성격에 대한 느낌이다. (136c)에서 '차갑다'는 냉철한 느낌을 감각할 수 있는 경우로 지적인 인상이나 표정에서 느껴지는 감각이다. 또한 구체적인 의미 속성, 즉 외부로 드러나는 구체적인 모습에서 감각되는 느낌이다.

(137) 听到这消息, 他心里就凉了./이 소식을 듣고 그는 맥이 풀렸다.

(137)은 '凉'이 전이되어 쓰인 것인데 여기서 '凉'은 형용사로가 아니라 동사의 기능을 하고 있다. 낙심하거나 실망하는 태도를 나타내고 있으므로 그 감각가치는 당연히 '부정적'인 것으로 된다.

'차갑다'는 행동주와 상대방과의 관계에 있어서 행동주의 [+태도][+인상]이라는 의미 속성으로 이해될 수 있다. 그리고 이러한 [+태도]는 [+불만][+적대감]으로 구체화되고 [+인상]은 [+냉철]의 양상을 보인다. 또한 '차갑다'는 [+성격]의 의미 속성도 가지는데 [+성격]은 [+냉혹]의 특성을 지닌다. 그러나 중국어 '冷'은 '차갑다'의 전이의미와 같은 속성을 가지고 있지 않으며 '차갑다'의 전이의미에 대응되는 단어 '冷漠'과 '冷淡'이 따로 존재한다. '凉'은 행동주의 [+태도]로 이해될 수 있는데 구체적으로 [+실망]의 양상을 보인다.

:: 시리다

(138) a. 영미는 이제 자신이 혼자라는 생각에 시린 마음을 주체할 수 없었다./
英美一想到自己仍然单身, 就不由得感到很凄凉.
b. 버려진 아이들을 바라보는 희경은 가슴이 시려 왔다./看到那些
被抛弃的孩子, 希晶的心里就产生了同情感.
c. 눈이 시릴 정도로 아름다운 여인이다./特别漂亮的女人.

(138)에서 '시리다'는 전이의미를 나타내는데 (138a, b)는 '촉각'의 감각인 반면, (138c)는 '시각'에서 오는 감각이다. (138a)에서 '시리다'는 감정상 '외로움'이나 '고독', '쓸쓸함'의 의미 속성을 내포하고 있고, (138b)에서 '시리다'는 '동정'이나 '연민'의 의미 속성을 내포하고 있다. (138c)의 '시리다'는 주로 '눈'과 어울리어 '아름다운 빛이 강함'을 나타내는데 이 측면에서 '시리다'는 '긍정성'의 감각가치를 가진다.

:: 서늘하다

(139) a. 시퍼런 칼날을 보니 가슴이 서늘하다./
一看到寒光闪闪的刀刃心里胆寒.
b. 그의 서늘한 태도에 나는 당황했다./他的冷漠的态度让我惊慌.
c. 그녀는 맑고 서늘한 눈을 가진 아름다운 처녀이다./
她是有一双清澈明亮大眼睛的美丽姑娘.

(139)에서 '서늘하다'는 의미가 전이되어 사용되고 있다. (139a)에서 '서늘하다'는 주로 두렵거나 공포스러운 상태에서 느끼는 감정으로 나타나므로 부정적인 감정상태라 볼 수 있다. (139b)에서 '차갑다'는 사람의 태도나 표정, 행위에서 차갑다고 느껴지는 느낌이다. 이러한 느낌은 대체로 부정적으로 작용한다. (139c)에서 '서늘하다'는 눈 따위가 시원스러운 느낌을 나타내는데 이것은 긍정적인 감각가치인 것이다.

'서늘하다'는 [＋감정]이나 [＋인상]에 전용되어 [＋놀람][＋두려움][＋차가움]을 나타내는데 이 감정은 [＋부정]의 상태를 나타낸다. 그리고 행동주 자신이 감각의 주체가 되는데, 상대의 인상에서 받는 느낌인 경우에는 관찰자가 감각의 주체가 되기도 한다. 그러나 [＋인상]에 전용되어 [＋시원스러움]을 나타낼 때는 [＋긍정]을 나타낸다.

:: 쌀쌀하다

(140) 그녀가 어찌나 쌀쌀한지 말도 못 붙여 보았다./
      因为她冷冰冰的, 我没有跟他搭过话.
      민수는 동생을 사랑하지만 일부러 쌀쌀하게 대했다./
      敏洙虽然爱弟弟, 但故意对他冷冰冰的.

(140)은 '쌀쌀하다'가 전용된 경우인데 '차갑다'와 마찬가지로 상대에 대한 행동주의 태도를 나타낸다. 상대에 대하여 불만이나 적대감 등의 감정을 지닐 때 나타나는 태도이다. 그러나 '쌀쌀하다'는 태도에 있어서 '차갑다'의 태도와 다소 차이를 보인다. '차갑다'의 태도는 정적인 모습을 보인다면 '쌀쌀하다'의 태도는 동적인 모습을 보여준다.48)

위의 예들에서 행동주가 상대에 대해서 보이는 태도가 구체적인 행동으로 나타난다. 그런데 '쌀쌀하다'는 '차갑다'와 달리 태도가 전부 부정적인 양상을 띠지는 않는 것 같다. 오히려 귀여운 느낌을 주기도 한다. 내면심리와 내부로 드러나는 태도가 다를 때 긍정적인 느낌을 받을 수 있다. 상대에 대해서 관심이나 애정을 가지고 있으면서 외부로 그렇지 않은 태도를 보일 때 '차갑다'는 사용되지 않는다.

'쌀쌀하다'의 기본의미가 전이되어 쓰일 때 [+태도]의 양상을 띠는데, 이 태도는 [+동적]인 모습을 보인다. 그리고 [+태도]는 [+불만] [+적대감] 등으로 나타나며 경우에 따라서는 [+관심]이나 [+애정] 등이 반대되는 태도로 나타나기도 하는데 이러한 경우에 '쌀쌀하다'는 [+긍정]의 태도를 보인다. 또한 어린아이나 여자가 [+경계]의 태도를 보일 때 '쌀쌀하다'가 귀여운 느낌을 불러일으키며 [+긍정]의 태도를 보이게 된다.

:: 시원하다

> (141) a. 비밀을 털어놓으니 속이 시원하다./说出了秘密. 心情很舒畅.
>   b. 청소를 하고 나니 속이 다 시원하다./打扫了卫生. 心情很舒畅.
>   c. 등 좀 시원하게 밀어줘./给我舒舒服服地搓搓背.

(141)에서 '시원하다'는 전이된 의미를 나타낸다. '시원하다'는 부담이 되는 대상의 제거에서 발생하는 만족인데 그 대상의 제거에 차이가 있다. (141a)의 제거 대상은 추상적인 반면 (141b, c)의 제거 대상은

---

48) 김준기(2002)에서는 a. 차가운 (얼굴, 마음, 표정), b. 쌀쌀한 (*얼굴, *마음, *표정)의 예를 들면서 a는 정적인 상태를 나타내는 데 있어서 허용 가능한 표현이며 b는 공기제약이 발생하는 것으로 보아 '쌀쌀하다'가 정적인 속성을 지니는 태도가 아니라고 했다.

구체적이다. 또한 감각이 유발되는 대상에 있어서도 차이가 있다. (141a, b)가 심리에서 유발되는 감각이라면 (141c)는 육체에서 유발되는 감각이다.

(142)에서 '시원하다'는 '성격', '태도'에서, 즉 행동상 적극적인 면에서 감각되는 느낌이다.

'시원하다'는 주로 [＋만족감]을 나타내는 데 전용되어 사용된다. 특히 [＋부정], [±구체]의 성질을 가지는 대상의 [＋제거]에서 [＋상쾌]의 느낌이 나타날 때 이러한 감각을 느끼게 된다. 또한 [＋태도]에 있어서 [＋우호][＋친절], [성격]에 있어서 [＋적극]의 양상을 보일 때 감각되는 느낌이다.

韓·中 온도 형용사 중 냉감류 형용사 '冷'은 [＋냉담], [＋생소함], [－인기], [＋불의] 등 의미 속성을 가지고 '차갑다'는 [＋냉정], [＋냉철] 등 의미 속성을 가지며, '凉'은 [＋낙심], [＋실망] 등 의미 속성을 가진다. '시리다'는 [＋외로움][＋고독][＋동정], [＋연민], [＋아름다움] 등 의미 속성을 가지며 '서늘하다'는 [＋놀람], [＋두려움], [＋냉담], [＋시원스러움] 등 의미 속성을 가진다. '쌀쌀하다'는 [＋불만], [＋적대감] 등의 의미 속성을, '시원하다'는 [＋만족][＋적극성] 등 의미 속성을 가진다.

이상에서 서술한 韓·中 냉감성 온도형용사의 전이의미의 양상을 도표로 나타내면 다음과 같다.

표 18. 韓·中 냉감류 온도형용사의 전이의미 양상

同異性	어휘	의미 속성
공통점	冷/차갑다	[＋냉담]
차 이 점	冷	[＋한산함], [＋생소함], [＋불의]
	차갑다	[＋정적], [＋불만], [＋적대감][＋냉혹], [＋냉철]
	凉	[＋실망], [＋낙심]
	시리다	[＋외로움], [＋쓸쓸함], [＋동정], [＋연민]
	서늘하다	[＋차가움], [＋놀람], [＋두려움]
	쌀쌀하다	[＋동적], [＋불만], [＋적대감], [＋경계], [＋귀여움]
	시원하다	[＋우호], [＋친절], [＋적극], [＋만족], [＋상쾌함]

4.2.5.2.2. 溫感類 온도형용사

∷ 热49)

(143) a. 见人家得了个头奖, 他就眼热起来了./
　　　 다른 사람이 일등상을 받은 것을 보고 그는 부러워하기 시작했다.
　　 b. 这是热门货, 大批进一点也不要紧./
　　　 이것은 잘 팔리는 물건이니 조금 많이 사들여도 괜찮다.
　　 c. 故乡热土./익숙한 고향
　　 d. 两个人处得很热./두 사람은 매우 다정하게 지낸다.

(143)에서 '熱'이 전이되어 쓰였는데 (143a)에서 '熱'은 남의 물건을 욕심내거나 또는 남이 잘되는 것을 부러워하는 양상을 나타내고, (143b)에서는 인기가 있고 환영받는다는 의미양상을 보이고 있으며 (143c)에서는 매우 잘 알고 익숙하다는 의미양상을 보이고 있다. (143d)는 사람들 사이에 정이 깊고 친밀하다는 의미양상을 보이고 있다. 그 감각가치를 볼 때 (143a)는 [＋부정]의 양상을 보이며 (143b～d)는 [＋긍정]의 양상을 보인다고 할 수 있다.

---

49) '热'은 '덥다'의 기본의미에 대응되는데 한국어 '덥다'는 전이의미가 없다.

:: 따뜻하다

(144) a. 시골사람들은 거의 다 마음이 따뜻하다./乡下人几乎都很热情.
      b. 따뜻한 격려의 말 한마디가 나에게 큰 힘이 되었다./
         一句温暖的鼓励人的话, 给了我一股力量.
      c. 그의 집은 항상 따뜻함이 감돈다./他的家始终有股温暖的气氛.

‘따뜻하다’는 (144)에서 기본의미가 전이되어 사용되었다. (144a)의 ‘따뜻하다’는 성격이나 심리적 상태를 의미하는데 성격이 자상하고 인간적인 면모를 보일 때 감각되는 느낌이다. (144b)의 ‘따뜻하다’는 상대방에 대한 입장을 이해하고 애정을 가지고 용기나 위로의 말에 부드러움이 첨가된 우호적인 태도를 보일 때 감각되는 느낌이다. (144c)에서 ‘따뜻하다’는 분위기에서 감각되는 느낌이다. 분위기가 온화하고 화기애애하게 느껴지는 것이다. 이렇게 전의되어 쓰일 때 중국어는 그에 해당되는 단어로 ‘熱情’, ‘溫暖’이 있는데 주로 비유적으로 쓰여 인간관계가 조화를 이루고 융합되었음을 나타낸다.

:: 뜨겁다/热

(145) a. 그 사람은 누구든지 따뜻하게 대해 준다./
         那个人不管是对谁都很热情.
         그 여자에게서 따뜻한 정을 느꼈다./从她那儿感觉到了温暖的情.
      b. 뜨거운 눈물을 흘렸다./流下了热泪.
         뜨거운 박수를 보냅시다./让我们表示热烈的掌声吧.

(145a)에서 ‘따뜻하다’는 온각의미 외에 인정이 많음을, (145b)에서 ‘뜨겁다’는 감격스러움, 아주 열렬함 등의 의미를 가지고 있어 공통의

미로 '인정'이란 상위의미를 상정할 수 있다. 이런 '인정'의 의미를 나타낼 때 중국어는 사람에 대한 태도에서는 '熱情', 사람 사이에 느낄 수 있는 정에 '溫暖', 그리고 박수는 보통 '熱烈'로 그 열렬함을 나타낸다.

:: 화끈하다

> (146) 그 자리에 앉아 있자니 낯이 화끈해서 혼났다./
>   我坐在那儿脸红得受不了.
>   그의 비난에 나는 얼굴이 화끈했다./听了他讽刺我的话, 我的脸就红了.

(146)에서 '화끈하다'는 '부끄러움'과 '창피함'이라는 전의적 의미를 가지는데 이러한 의미를 가지는 경우에 '화끈하다'는 얼굴에서만 감각된다. 그리고 이때에도 감각의 지속 정도는 기본의미에서와 같이 '순간성'의 양상을 보인다. 여기서 '화끈하다'는 외부적인 자극이 내면심리에 자극을 주어 이 내면 심리가 작용하여 발생하는 감각이다. 따라서 여기서 '화끈하다'는 '외향성'의 속성을 띤다.

> (147) a. 그 사람은 화끈해서 마음에 든다./因为那个人很痛快, 所以我很满意.
>   b. 우리의 선수들은 과연 화끈한 경기를 보여주었다./
>   我们的队员果然进行了一场激烈的比赛.

(147)의 '화끈하다'는 행동이 시원스럽고 적극적인 면을 보일 때 사용될 수 있는 단어이다. (147a)에서 '화끈하다'는 체면이나 남의 눈치를 의식하지 않고 적극적으로 행동하는 성격을 나타내며 (147b)에서 '화끈하다'는 매우 공격적이고 능동적인 행위를 의미한다. 즉 행동주

체는 피동적이 아니라 공격 위주의 저돌적이고 적극적인 행동을 한다
는 것이다. 따라서 이런 경기는 보통 기교나 개인기보다 힘으로 밀어
붙이는 적극적인 양상을 보이게 된다. 그 행위가치에 있어서도 긍정
의 가치를 가진다고 본다.

온감류 온도형용사 '熱'은 [＋욕심][－인기][＋익숙함][＋친밀함]의
의미 속성을 가지며, [＋자상함][＋우호][＋온화함] 등은 '따뜻하다'의
의미 속성에 해당되는 것이다. '뜨겁다'는 [＋감격][＋열렬함] 등의 의
미 속성을, '화끈하다'는 [＋부끄러움][＋창피함][＋적극적][＋공격적]
등의 의미 속성을 갖고 있다.

이상에서 서술한 韓中 온감류 온도형용사의 비유적·추상적인 전
이의미 양상을 도표로 표시하면 다음과 같다.

표 19. 韓·中 온감류 온도형용사의 전이의미 양상

同異性	어휘	의미 속성
차 이 점	热	[＋욕심][＋부러움][＋인기], [＋익숙], [＋친밀]
	따뜻하다	[＋자상함], [＋우호][＋온화함]
	뜨겁다	[＋감격][＋열정]
	화끈하다	[＋부끄러움][＋창피함][＋시원스러움][＋공격적][＋능동]

4.2.5.3. 통각형용사

여기서는 인체의 부분이나 전체에서 아픔의 느낌을 표현하는 통각
형용사의 전이의미가 어떤 양상을 보이는가를 살펴보고자 한다.

:: 가렵다, 간지럽다, 근지럽다/痒

> (148) a. 그 사람은 다른 사람의 {가려운, 간지러운, *근지러운} 데를 잘 긁어주
> 는 사람이다./那个人善于帮助别人解决难题.
> b. 화토를 안 놀면 손이 {근지러워, *가려워, *간지러워} 견딜 수 없다./
> 不玩花图的话手痒得受不了.

(148a)에서 '가렵다', '간지럽다'는 상대방이 원하는 것이 무엇인지 미리 알고 말이나 행위로써 동조하는 양상을 볼 수 있는데, '원하는 것'이 바로 간지럽거나 가려운 곳처럼 시급히 도움이 필요한 것임을 알 수 있다. '긁다'가 자신의 목적을 달성하기 위한 행위라면 '긁다'는 '아부'의 의미로 해석될 수 있지만, 반면에 자기 자신의 이익을 위한 행위가 아니라면 '긍정성'의 의미를 지니게 된다. (148b)에서 '근지럽다'는 [+욕구]의 의미 속성을 지닌 단어이다. 즉 자신에게 주어진 상황에 대해 답답함을 느껴서 일탈 욕구를 생길 때나 혹은 어떤 일을 몹시 하고 싶을 때 사용될 수 있다. 중국어 '痒'도 같은 의미로 사용된다.

:: 시큰하다

> (149) 그의 말에 코가 시큰해졌다./听了他的话感到鼻子有点发酸了.

(149)에서 '시큰하다'는 주로 '코, 코허리' 등과 어울려서 감동을 받았다는 의미 양상을 나타낸다.

:: 쓰리다

> (150) a. 자식을 먼저 보낸 부모의 마음이 얼마나 쓰릴까?/

失去子女的父母的心有多悲伤啊?
b. 입학시험에서 낙방한 명수는 마음이 쓰렸다./
在入学考试中落榜的明珠感到很遗憾.

(150)에서 '쓰리다'는 전이되어 쓰였는데 인간의 감정표현과 밀접한 관계를 보이고 있다. (150a)는 화자가 주어에 대해 '측은함'의 감정을 느낄 때 사용되었고 (150b)에서는 '쓰리다'가 '아쉬움'의 감정을 표현하는 데 사용되고 있다. 인간의 다양한 감정은 인체 내부에서 유발되는데 위장은 인간의 감정을 가장 예민하게 받아들이는 기관이라고 할 수 있다. 따라서 위장에서 감각되는 느낌은 인간의 감정과 아주 긴밀하게 관련되는 것이라서 그런지 한국어 '쓰리다'는 이상과 같은 전이적 의미를 가지게 되는 것으로 판단된다.

韓·中 촉각형용사 가운데 통각형용사 '가렵다', '간지럽다'는 [＋답답함], '근지럽다'와 '痒'은 [＋욕구]의 의미 속성을 가지며, '시큰하다'는 [＋감동], '쓰리다'는 마음이 [＋슬픔], [＋아쉬움] 등의 의미 속성을 가진다.

韓·中 통각형용사의 비유적·추상적인 전이의미양상을 도표로 표시하면 다음과 같다.

표 20. 韓·中 통각형용사의 전이의미 양상

同異性	어휘	의미속성
공통점	근지럽다/痒	[＋지루함], [＋욕구]
	가렵다/간지럽다	[＋답답함]
차이점	시큰하다	[＋감동]
	쓰리다	[＋슬픔][＋아쉬움]

4.3. 요약

이상에서 韓·中 감각형용사의 전이의미를 공감각적인 전이와 비유적·추상적인 전이의 측면에서 살펴보았다.

공감각적인 의미전이 양상은 다음과 같다. 시각형용사 중의 광선의미에서 한국어 '밝다', '어둡다'는 청각으로 전이되나 '亮'과 '暗'은 청각으로 전이되지 않는다. 그리고 '밝다', '어둡다'는 원래 광선의미가 시각 내의 색채의미로 전이되는데 중국어에서 '亮'은 전이되지 않고 '暗'만 색채의미로 전이된다. 색채의미에 '검다'계열의 형용사 '까맣다'기 공간적으로 '거리가 아득하게 멀다'는 이미를 나타내므로 시각 내에서 색채의미가 공간의미로 전이된 것이다. 그러나 중국어 색채의미의 형용사는 공감각적인 전이현상을 보이지 않고 있다. 시각형용사 중의 공간의미를 나타내는 한국어 형용사 '크다/작다', '높다/낮다', '굵다/가늘다', '길다/짧다'가 청각으로 전이되는데 이런 형용사들의 기본의미에 대응하는 중국어 형용사 '大/小, 高/低 粗/細, 長/短' 등도 청각으로 전이된다. 그러나 반드시 청각의 속성명사 '소리', '音' 등과 어울려 사용되어야만 청각으로의 전이가 가능하다. 그리고 공간의미의 형용사 '얇다', '淺'은 시각 중의 색채의미로 전이되는데 역시 색채가 가지는 속성명사 '색깔', '顔色' 등과 어울려야 그 전이가 가능하다. 그 외에 중국어 공간의미의 형용사 '大/小'는 후각으로 전이되는데 후각의 속성명사 '味儿'이 어울려야 그 전이도 가능하다.

청각형용사 중 한국어 '요란하다'는 시각 중의 색채감각으로 전이가 일어나는데 색채의미의 속성 명사인 '색/색깔'과 결합되어야 그 전이가 가능하다.

후각형용사 중 '지리다/臊', '구리다/臭'를 제외한 '향기롭다, 구수하다, 고소하다/香', '비리다/腥', '노리다/膻' 등 한·중 후각형용사들은 다 미각으로 전이되는데 역시 후각의 속성명사 '맛', '味道'와 어울려야만 그 전이가 가능하다.

미각형용사 중 한국어는 '달다'계열의 형용사 '달콤하다'가, 중국어는 '甛'계열의 형용사 '甛美', '甛絲絲'가 청각으로 전이된다. 그리고 한국어 '시다', '쓰다', '맵다'는 후각으로 전이되는데 이런 형용사의 기본의미에 대응되는 중국어 형용사 '酸', '苦', '辣'도 후각으로 전이된다. 한국어 '맵다', '시다'는 촉각으로 의미가 전이되는데 중국어는 '시다'의 기본의미에 대응되는 '酸'이 촉각으로 전이된다. 그러나 이렇게 한 감각의 형용사가 다른 감각의 의미를 나타내자면 반드시 전이되는 감각의 속성명사와 어울려야만 한다.

촉각형용사 중 한국어는 '부드럽다', '거칠다'가 청각으로 전이되는데 중국어는 '거칠다'의 기본의미에 대응하는 '粗糙'만이 청각으로 전이된다. 그리고 한국어는 '시원하다'가 미각으로 전이되고, '부드럽다'는 또 시각으로 전이되기도 한다. 중국어는 '柔和'가 시각으로 전이된다.

감각형용사의 비유적 · 추상적인 전이의미의 양상은 다음과 같다.

시각형용사 중 광선의미의 형용사 '밝다'와 '亮'은 전이의미에서 아주 다른 양상을 보이는데 '밝다'는 시력, 청력이 [+좋음], 그리고 [+예의], 어떤 일에 대해 [+파악], 성격, 분위기 등이 [+명랑함], [건전함], [+희망] 등의 의미양상을 보이지만 '亮'은 마음의 [+후련함]의 의미양상을 보인다. '어둡다'와 '暗'도 전이의미에서 같은 점을 찾아보기가 어려운데 '어둡다'는 시력, 청력 등이 [−좋음], 어떤 상황에 대해 [+모름], 표정, 성격 등이 [−명랑함], 전망, 생각 등이 [−희망]을 나타내며 '暗'은 [+은밀함], [+부당함] 등의 전이의미 양상을 나타낸다.

색채의미의 형용사로 '검다/黑', '희다/白', '누르다/黃', '붉다/紅', '푸르다/藍, 綠' 등이 설정되었는데 기본의미에서 서로 대응되는 韓 · 中 양 색채형용사이지만 추상적 · 비유적 전이의미에서는 공통점을 거의 보이지 않는다. '검다'와 '黑'은 모두 [+엉큼함]이라는 의미양상을 보이고 있다. '검다'계열의 형용사는 또 [+久], [−희망], [−기억] 등 의미양상을 보이며 '黑'은 [+저묾], [+비공개적], [+반동적] 등의 의미양상을 보인다. '희다'와 '白'은 [+무시], [+불만]의 의미양상을 공동으로 갖고 있으며, '희다'계열은 [−실속], [+다수], '白'은 [+청결], [+명백], [+순수], [+싱거움] 등의 의미양상을 각각 보이고 있다. 중국어 '黃'은 [+음란]의 의미양상을 보이고 있지만 '누르다'계열의 형용사는 의미가 전이되지 않는다. '붉다'계열 형용사와 '紅'은 [+혁명적][+욕심][+분노]라는 공통적인 의미양상을 보이며 '새빨갛다'는 [−근거], '紅'은 [+번창], [+인기][+운]이라는 서로 다른 의미양상을 보이기도 한다. '푸르다'계열의 형용사는 [+젊음], [+멀쩡함],

[＋날카로움], [＋분노], [＋위협] 등의 의미양상을 보이며 '藍'은 [＋
당황]의 의미양상을 보인다.

시각형용사 중의 공간의미를 나타내는 韓·中 감각형용사는 다른
감각형용사에 비해 공통점이 많이 나타난다. 그 공통점들을 살펴본다
면 '길다/長'은 시간 또는 분량이 [＋많음], '짧다/短'은 시간, 분량이
[＋적음], 생각, 실력이 [＋부족], '높다/高'는 온도, 습도, 압력, 품질,
수준, 가치, 지위, 나이 등이 기준을 [＋초과], 그리고 명성이 [＋남]을
나타내고 '낮다/低'는 온도, 압력, 비율, 임금, 가치, 지위, 능력, 수준
등이 기준을 [－초과]함을 나타낸다. '깊다/深'은 시간상 [＋중심], 사
람 사이의 정, 관계 그리고 사물, 도리에 대한 인식이 어떤 기준을 [＋
초과], '멀다/遠'은 능력, 수준이 [＋부족], '가깝다/近'은 혈연관계가
[＋밀접함], '넓다/寬'은 마음, 생각이 [＋너그러움], '좁다/窄'은 마음
이 [－너그러움], '두껍다/厚'는 [＋뻔뻔스러움], '얇다/薄'은 [＋부끄러
움]을 나타낸다. '굵다/粗'는 성격이 [－여림], [＋대담함], '크다/大'는
규모, 범위, 정도가 어떤 기준을 [＋초과], 그리고 사람 됨됨이가 [＋
훌륭함]을 나타내며 '작다/小'는 규모, 정도, 범위, 중요성이 어떤 기
준에 [－도달]을 나타낸다.

아래에 韓·中 공간의미 형용사들의 비유적·추상적인 전이의미에
서의 차이점을 살펴보겠다. 한국어 '길다'는 말의 [＋번거로움], '짧다'
는 식성의 [＋까다로움]을 나타내는데 중국어 '長', '短'의 전이의미에
서는 보이지 않는 의미이다. '깊다'는 역사가 [＋오램], 정도가 [＋심
함] 등의 전이의미 양상을 보이는데 중국어 '深'의 전이의미에서는 보
이지 않는다. 한국어 '얕다'는 마음이 [＋너그러움], 수면상태가 [－깊
음]을 나타내며 '淺'은 감정, 친분이 [－깊음]을 나타낸다. 한국어 '멀

다'는 시간이 [＋오램], 인간관계가 [－다정함]의 의미양상을, '가깝다'
는 시간이 [－오램], 인간관계가 [＋다정함]의 의미양상을 나타내는데
중국어 '遠', '近'은 이런 전이의미를 나타내지 않고 이런 의미를 나타
내는 단어 '疏遠', '親近'이 중국어에는 따로 존재한다. '곧다'는 마음,
성품이 [＋정의로움]을 나타내는데 '곧다'에 대응하는 '直'은 성격이
속에 것을 감출 줄 모르는 [＋직설적]임을 나타낸다. '넓다'는 판단능
력, 안목, 교제 등이 [＋광범위]함을 나타내며 '寬'은 생활이 [＋풍요
로움]을 나타낸다.

'두껍다'는 규모가 [＋큼]을 나타내며 '厚'는 인정, 믿음이 [＋깊음],
수량, 이윤, 가치 등이 [＋넉넉함]을 나타낸다. '얇다'는 규모가 [＋작
음], 속이 [좁음]을 나타내며 '薄'은 관계가 [＋야박함], 액체 따위가
[＋묽음], 땅이 [＋척박함]을 나타낸다. '굵다'는 성격이 [－좀스러움],
그리고 [＋성장], 어떤 직장에서 [＋종사했음] 등의 의미를 나타낸다.
'가늘다'는 생각, 성질 등이 [＋좀스러움], 일이 [＋소소함]의 의미양
상을 나타내고 '가늘다'는 정도가 [＋약함], 심리표현이 [－명확]을 나
타내며 '細'는 솜씨가 [＋섬세함], 성격, 태도가 [＋면밀], [＋계획성]의
의미를 나타낸다. '大'는 [＋맏이]를 나타내고 '小'는 [＋막내], 그리고
생각이 [＋좁음]을 나타낸다. '둥글다'는 성격, 행동이 [＋원만함]을
나타내며 '圓'은 말이 [＋원만함]을 나타낸다. 한국어 '모나다'는 성격
이 보통사람과 달리 [＋괴벽함]을 나타낸다.

청각형용사는 한국어만이 전이의미 양상을 보이는데 '시끄럽다'는
사태의 [＋어지러움][＋성가심], '떠들썩하다'는 [＋소문], '조용하다'
는 [＋얌전함] [＋평온함] [＋한가함] [＋은밀함], '잠잠하다'는 분위기
가 [－소란] 등의 의미양상을 보이고 있다.

韓·中 후각형용사 가운데 '구리다'는 [+지저분함], [-떳떳함] 등의 의미양상을 보이며, '臭'는 [+나쁨], [+저질적], [-수준] 등의 의미양상을 보인다. '비리다'는 [-만족][+아니꼬움][+어림][+얕잡음] 등의 의미 양상을 찾아볼 수 있다. '고소하다'는 [+시원함], '구수하다'는 [+소탈][+소박][+편안함], '香'은 [+맛][+입맛][+수면], [+인기], [+다정] 등의 의미양상을 보인다.

韓·中 미각형용사 가운데 '달다'계열의 형용사는 [+편안], [+포근], [+맛][+마땅함][+다정][+이익][-산뜻함] 등의 의미양상을 보이며 '甛'은 [+즐거움] [+(수월함+수입)] 등의 의미양상을 보인다. '쓰다'와 '苦'는 [-입맛]의 의미양상에서 공통점을 보이지만 '쓰다'는 [+언짢음], '苦'는 [+고됨][+괴로움][+지나침] 등의 다른 의미양상도 보인다. '짜다'계열의 형용사는[+인색][+귀함][+실속][+못마땅함][+그리움][+호감] 등의 의미양상을 보인다.

'싱겁다'는 [-계획성][+엉뚱함][-진함][-흥미][+엉성함] 등의 의미양상을 보이며 '淡'은 [+냉담][+불경기][-유용] 등의 의미양상을 보인다. '맵다'는 [+사나움][+야무짐][+고됨], '辣'은 [+자극][+지독함] 등의 의미양상을 보인다. '떫다'는 [+못마땅함][+덜됨][-달가움] 등 의미 양상을 보이고 '澁'은 [-원활][-유창] 등의 의미양상을 보인다.

韓·中 촉각형용사 가운데 표면 촉각형용사 '거칠다'와 '粗'는 [-면밀], [-고르로움] 등의 의미양상에서 공통적인 면을 보인다. 그 외에 '거칠다'는 말투가 [+막됨][+공격적], [+험악함][+지저분함][+거셈][-세련됨] 등의 의미양상을 보이며, '부드럽다'는 태도 성질 등이 [+따뜻함][-뻑뻑함] 등의 의미양상을 보인다.

‘굳다’는 표정이 [-변화][+의지][+인색], ‘딱딱하다’는 태도의 [+엄격함], ‘硬’은 [+견강함][+대단함] 등의 전이의미 양상을 보인다. ‘무르다’와 ‘軟’은 마음이 [+여림]의 의미양상에서 공통적인 면이 보인다. 그 외에 ‘軟’은 태도, 말 등의 [+부드러움][+나른함][+저질] 등의 전이의미 양상을 보인다. ‘매끄럽다’는 [+조리], ‘滑’은 [+교활]의 전이의미 양상을 보인다.

韓·中 촉각형용사 가운데 온도 형용사 ‘冷’은 [+냉담][+생소함][-인기][+불의] 등 의미 속성을 가지고, ‘차갑다’는 [+냉정][+냉철] 등 의미 속성을 가지며, ‘凉’은 [+낙심][+실망] 등 의미 속성을 가진다. ‘시리다’는 [+외로움][+고독][+동정][+연민][+아름다움] 등 의미 속성을 가지며 ‘서늘하다’는 [+놀람][+두려움][+냉담][+시원스러움] 등 의미 속성을 가진다.

‘쌀쌀하다’는 [+불만][+적대감] 등의 의미 속성을, ‘시원하다’는 [+만족][+적극성] 등 의미 속성을 가진다. ‘熱’은 [+욕심][+인기][+익숙함][+친밀함]의 의미 속성을 가지며, [+자상함][+우호적][+온화함] 등은 ‘따뜻하다’의 의미 속성에 해당되는 것이다. ‘뜨겁다’는 [+감격][+열렬함] 등의 의미 속성을, ‘화끈하다’는 [+부끄러움][+창피함][+적극적][+공격적] 등의 의미 속성을 갖고 있다.

韓·中 촉각형용사 가운데 통각형용사 ‘가렵다’, ‘간지럽다’는 [+답답함], ‘근지럽다’와 ‘痒’은 [+욕구]의 의미 속성을 가지며, ‘시큰하다’는 [+감동], ‘쓰리다’는 [+측은함][+아쉬움] 등의 의미 속성을 가진다.

PART 05

결론

의미의 실체 자체가 추상적인 속성을 지니는 까닭에 의미론적인 접근이 쉽지 않다. 의미의 실체에 대한 접근, 특히 대조언어 영역에서 의미론적인 접근은 활발히 이루어지지 못한 실정이다.

본 연구는 어휘의미론의 바탕 위에서 현대 한국어와 중국어 일련의 감각형용사들을 대상으로, 이것들의 의미적 공통점과 차이점을 기술하는 데 목적이 있다.

한국어와 중국어 감각형용사는 기본의미에서 대부분이 일대일의 대응을 이루지만 간혹 일대다, 다대일의 대응도 보이며 어휘의 빈자리현상도 보이고 있다. 한국과 중국은 문화가 다르기에 낱말의 전이의미에서 공통점을 보이기는 하지만 차이점을 더 많이 보이고 있다. 그리고 한국어(중국어)에서는 어떤 개별 낱말의 기본의미가 전이되어 모종의 의미를 나타내는데 중국어(한국어)에서는 그런 모종의 의미만을 나타내는 고정된 낱말이 존재하기도 한다.

한국어 감각형용사에 대한 분류는 최현배(1985) 등에서 이미 있었지만 본고는 이를 바탕으로 감각을 시각(광선, 색채, 공간), 후각, 미각, 청각, 촉각(표면촉각, 온도각, 통각) 등으로 나누어 이런 감각을 나타내는 韓·中 형용사를 선택하여 연구의 대상으로 삼았다.

韓·中 시각형용사의 기본의미에서 광선의미를 가지고 있는 형용사는 韓·中 양 언어가 고정적으로 일대일 대응을 이루는 것이 아니라 광선의미의 형용사와 호응관계를 맺는 대상에 따라 적합한 형용사가 선택되어야 한다.

색채의미의 형용사 중 '검다/黑', '희다/白', '붉다/紅', '누르다/黃' 등은 일대일의 대응을 이루고 있지만 한국어 '푸르다'에는 중국어 '藍'과 '綠'이 대응되므로 일대다의 대응관계를 이루고 있다.

공간의미의 형용사들도 그 기본의미에서 韓·中 양 언어가 거의 다 일대일의 대응관계를 이루고 있지만 한국어 '잘다'의 의미에 대응하는 중국어는 빈자리로 남아 있으며 또 한국어 '모나다'는 각이 몇 개인 것과는 상관이 없지만 중국어 '方'은 한 평면에서 각이 네 개인 상태만을 가리킨다.

韓·中 청각형용사는 그 기본의미에서 언제나 일대일의 고정적인 대응을 이루는 것이 아니라 역시 호응하는 대상에 따라 적절한 단어를 선택해서 사용해야 한다.

韓·中 후각형용사의 기본의미에서 '비리다/腥', '지리다/臊', '구리다/臭', '노리다/膻' 등은 일대일의 대응을 이루고 있지만 한국어 '향기롭다, 고소하다, 구수하다' 등 단어에는 중국어 단어 '香' 하나가 대응을 이루므로 다대일의 대응관계를 이루고 있다.

韓·中 미각형용사는 그 기본의미에서 대체적으로 일대일의 대응 양상을 보이고 있다.

韓·中 촉각형용사 가운데 표면촉각형용사들도 거의 다 일대일의 대응을 이루고 있는데 '부드럽다'에 호응하는 대상이 피부일 때는 '細嫩', 입으로 고체물질의 부드러움을 느낄 때는 '嫩', 피부 또는 손으로 접촉하여 어떤 물질의 부드러움을 느낄 때 '柔軟', 바람에는 '柔和' 등으로 그 대상에 따라 적합한 단어가 대응되어야 한다.

촉각형용사 가운데 온도형용사는 냉감류와 온감류로 대별된다. 韓·中 냉감류 형용사들도 대부분이 일대일의 대응을 이루고 있지만 한국어 '시리다'에 대응하는 중국어 단어는 빈자리로 남아 있다고 할 수 있다. 그리고 '서늘하다'는 바람, 날씨, 햇볕이 제거된 그늘진 환경상태에 다 쓰일 수 있는데 중국어는 바람, 날씨에 '凉快', 햇볕이 제거된 그늘진 환경상태에는 '陰凉'으로 단어가 세분화되어 있다. 韓·中 온감류 형용사들도 대부분이 일대일의 대응을 이루고 있지만 중국어 '熱'은 한국어 '덥다'와 '뜨겁다'에 다 대응된다고 할 수 있다. 그러나 '뜨겁다'의 정도가 너무 세서 피부나 혹은 입으로 닿을 수 없을 정도에는 '燙'이 어울려야 하며, 그 정도가 닿을 수 있을 정도에는 '熱'이 어울려야 한다.

총체적으로 볼 때 韓·中 감각형용사는 기본의미 양상에서 많은 공통점을 보이고 있다. 그러나 한국어의 일부 감각형용사가 중국어에서는 빈자리로 남아 있는 경우도 찾아볼 수 있었으며 또한 한국어의 일부 감각형용사가 중국어에서는 세분화되었으므로 어울리는 대상에 따라 적절한 감각형용사가 어울려야 한다고 본다. 이것은 한국어 감각형용사는 개괄적이고 중국어 감각형용사는 비교적 구체적이라는 것을 설명한다.

韓·中 감각형용사의 전이의미에서 우선 먼저 공감각적인 전이를 살펴본다면 한국어는 시각이 청각, 미각으로 전이되며 시각 내에서 공간의미가 색채의미로, 광선의미가 색채의미로, 색채의미가 공간의미로 전이됨을 볼 수 있었다. 중국어는 시각이 청각, 후각으로 전이되고 시각 내에서 광선의미가 색채 의미로 전이됨을 볼 수 있었다. 한국어와 중국어 미각은 다 청각, 후각, 촉각으로 전이됨을 볼 수 있지만 개별단어들의 전이가 일치한 것은 아니다. 한국어나 중국어나 후각은 거의 다 미각으로 전이된다. 청각에서는 한국어만이 시각 중의 색채감각으로 의미가 전이된다. 촉각에서 한국어는 청각과 미각으로 전이되고 중국어는 청각으로만 전이된다.

韓·中 감각형용사의 비유적 추상적인 의미에서는 양 감각형용사가 아주 다른 전이의미 양상을 보이고 있다.

시각형용사 중의 광선의미를 나타내는 형용사 '밝다', '亮'은 전이의미에서 아주 다른 양상을 보이고 있다. '밝다'는 시력, 청력 등이 [+좋음], [+예의], [+파악], 성격, 분위기 등이 [+명랑], [+건전], [+희망] 등의 의미를 보이지만 '亮'은 마음의 [+후련함]이란 의미 양상만 보이고 있다. '어둡다'와 '暗'은 전이의미에서 같은 점을 찾아보기가 어렵다. '어둡다'는 시력, 청력 등이 [-좋음], 어떤 상황에 대한 [+무지], 표정, 성격 등이 [+침울함], 전망, 생각 등이 [+막막함], 그리고 주로 '눈'과 어울려 [+욕심] 등의 의미를 나타내는데, 중국어 '暗'은 [+은밀함], [+부당함]이란 전이된 의미를 나타낸다.

韓·中 시각형용사 가운데 색채형용사의 비유적 추상적인 전이의미를 살펴보면 다음과 같다. '검다'와 '黑'은 모두 [+엉큼함]이라는 의미양상을 보이고 있다. '검다'계열의 형용사는 또 [+久], [-희망], [-기억] 등 의미양상을 보이며 '黑'은 [+저묾][+비공개적][+반동

적] 등의 의미양상을 보인다. '희다'와 '白'은 [+무시], [+불만]의 의
미양상을 공동으로 갖고 있으며, '희다'계열은 [-실속][+다수], '白'
은 [+청결][+명백][+순수][+싱거움] 등의 의미양상을 각각 보이고
있다. 중국어 '黃'은 [+음란]의 의미양상을 보이고 있지만 '누르다'는
의미가 전이되지 않는다. '붉다'계열 형용사와 '紅'은 [+혁명적][+욕
심][+분노]라는 공통적인 의미양상이 보이며 '새빨갛다'는 [-근거],
'紅'은 [+번창][+인기][+운]이라는 의미양상을 보인다. '푸르다'계
열의 형용사는 [+젊음], [+멀쩡함][+날카로움][+분노][+위협] 등
의 의미양상을 보이며 '藍'은 [+당황]의 의미양상을 보인다.

시각형용사 중의 공간의미를 나타내는 韓·中 감각형용사는 다른
감각형용사에 비해 공통점이 많이 나타난다. 그 공통점들을 살펴본다
면 '길다/長'은 시간 또는 분량이 [+많음], '짧다/短'은 시간, 분량이
[+적음], 생각, 실력이 [+부족], '높다/高'는 온도, 습도, 압력, 품질,
수준, 가치, 지위, 나이 등이 기준을 [+초과], 그리고 명성이 [+남]을
나타내고 '낮다/低'는 온도, 압력, 비율, 임금, 가치, 지위, 능력, 수준
등이 기준을 [-초과]함을 나타낸다. '깊다/深'은 시간상 [+중심], 사
람 사이의 정, 관계 그리고 사물, 도리에 대한 인식이 어떤 기준을 [+
초과], '멀다/遠'은 능력, 수준이 [+부족], '가깝다/近'은 혈연관계가
[+밀접함], '넓다/寬'은 마음, 생각이 [+너그러움], '좁다/窄'은 마음
이 [-너그러움], '두껍다/厚'는 [+뻔뻔스러움], '얇다/薄'은 [+부끄러
움]을 나타낸다. '굵다/粗'는 성격이 [-여림], [+대담함], '크다/大'는
규모, 범위, 정도가 어떤 기준을 [+초과], 그리고 사람 됨됨이가 [+훌
륭함]을 나타내며 '작다/小'는 규모, 정도, 범위, 중요성이 어떤 기준에
[-도달]을 나타낸다. 아래에 韓·中 공간의미 형용사들의 비유적·

추상적인 전이의미에서의 차이점을 살펴보겠다. 한국어 '길다'는 말의 [+번거로움], '짧다'는 식성의 [+까다로움]을 나타내는데 중국어 '長', '短'의 전이의미에서는 보이지 않는 의미이다. '깊다'는 역사가 [+오램], 정도가 [+심함] 등의 전이의미 양상을 보이는데 중국어 '深'의 전이의미에서는 보이지 않는다. 한국어 '얕다'는 마음이 [+너그러움], 수면상태가 [-깊음]을 나타내며 '淺'은 감정, 친분이 [-깊음]을 나타낸다. 한국어 '멀다'는 시간이 [+오램], 인간관계가 [-다정함]의 의미양상을, '가깝다'는 시간이 [-오램], 인간관계가 [+다정함]의 의미양상을 나타내는데 중국어 '遠', '近'은 이런 전이의미를 나타내지 않고 이런 의미를 나타내는 단어 '疏遠', '親近'이 중국어에는 따로 존재한다. '곧다'는 마음, 성품이 [+정의로움]을 나타내는데 '곧다'에 대응하는 '直'은 성격이 속에 것을 감출 줄 모르는 [+직설적]임을 나타낸다. '넓다'는 판단능력, 안목, 교제 등이 [+광범위]함을 나타내며 '寬'은 생활이 [+풍요로움]을 나타낸다. '두껍다'는 규모가 [+큼]을 나타내며 '厚'는 인정, 믿음이 [+깊음], 수량, 이윤, 가치 등이 [+넉넉함]을 나타낸다. '얇다'는 규모가 [+작음], 속이 [좁음]을 나타내며 '薄'은 관계가 [+야박함], 액체 따위가 [+묽음], 땅이 [+척박함]을 나타낸다. '굵다'는 성격이 [-좀스러움], 그리고 [+성장], 어떤 직장에서 [+종사했음] 등의 의미를 나타낸다. '가늘다'는 생각, 성질 등이 [+좀스러움], 일이 [+소소함]의 의미양상을 나타내고 '가늘다'는 정도가 [+약함], 심리표현이 [-명확]을 나타내며 '細'는 솜씨가 [+섬세함], 성격, 태도가 [+면밀], [+계획성]의 의미를 나타낸다. '大'는 [+맏이]를 나타내고 '小'는 [+막내], 그리고 생각이 [+좁음]을 나타낸다. '둥글다'는 성격, 행동이 [+원만함]을 나타내며 '圓'은 말이 [+

원만함]을 나타낸다. 한국어 '모나다'는 성격이 보통사람과 달리 [+괴벽함]을 나타낸다.

청각형용사는 한국어만이 전이의미 양상을 보이는데 '시끄럽다'는 사태의 [+어지러움][+성가심], '떠들썩하다'는 소문[+퍼짐], '조용하다'는 [+얌전함][+평온함][+한가함][+은밀함], '잠잠하다'는 분위기가 [-소란] 등의 의미양상을 보이고 있다.

韓·中 후각형용사 가운데 '구리다'는 [+지저분함][-떳떳함] 등의 의미양상을 보이며, '臭'는 [-좋음][+저질적] 수준이[+낮음] 등의 의미양상을 보인다. '비리다'는 [불만족][아니꼬움][나이 어림][얕잡음]의 의미양상을 찾아볼 수 있다. '고소하다'는 [속 시원함], '구수하다'는 [소탈][소박][편안함], '香'은 [+맛][+입맛] 수면상태 [+좋음][인기 좋음][사이좋음] 등의 의미양상을 보인다.

韓·中 미각형용사 가운데 '달다'계열의 형용사는 [+편안], [+포근], [+맛][+마땅함][+다정함][+이익][-산뜻함] 등의 양상을 보이며 '甛'은 [+즐거움][+수월함][+수입] 등의 의미양상을 보인다. '쓰다'와 '苦'는 [-입맛]의 의미양상에서 공통점을 보이지만 '쓰다'는 [+언짢음], '苦'는 [+고됨][+괴로움] 등의 다른 양상도 보인다.

'짜다'계열의 형용사는 [+인색][+귀함][+실속][+못마땅함][+그리움][+기억] 등의 의미양상을 보인다. '싱겁다'는 [+계획성][+엉뚱함][-진함][-흥미][+엉성함] 등의 의미양상을 보이며 '淡'은 [+냉담][+불경기][-유용] 등의 의미양상을 보인다. '맵다'는 [+사나움][+야무짐][+고됨], '辣'은 [+자극][+지독함] 등의 의미양상을 보인다. '떫다'는 [+못마땅함][+덜됨][-달가움] 등 의미 양상을 보이고 '澀'은 [-원활][-유창] 등의 의미양상을 보인다.

韓・中 촉각형용사 가운데 표면 촉각형용사 '거칠다'와 '粗'는 [-면밀], [-고르로움] 등의 의미양상에서 공통적인 면을 보인다. 그 외에 '거칠다'는 말투가 [+막됨][+공격적], [+험악함][+지저분함][+거셈][-세련됨] 등의 의미양상을 보이며, '부드럽다'는 태도 성질 등이 [+따뜻함][-뻑뻑함] 등의 의미양상을 보인다. '굳다'는 [+무표정][+의지][+인색], '딱딱하다'는 태도의 [+엄격함], '硬'은 [+견강함][+대단함] 등의 전이의미 양상을 보인다. '무르다'와 '軟'은 마음이 [+여림]의 의미양상에서 공통적인 면이 보인다. 그 외에 '軟'은 태도 말 등의 [+부드러움], [+나른함][+저질] 등의 전이의미 양상을 보인다. '매끄럽다'는 [+조리], '滑'은 [+교활함]의 전이의미 양상을 보인다.

韓・中 촉각형용사 가운데 온도 형용사 '冷'은 [+냉담][+생소함][-인기][+불의] 등 의미양상을 보인다. '차갑다'는 [+냉정][+냉철], '凉'은 [+낙심][+실망], '시리다'는 [+외로움][+고독][+동정][+연민][+아름다움] 등, '서늘하다'는 [+놀람][+두려움][+냉담][+시원스러움], '쌀쌀하다'는 [+불만][+적대감], '시원하다'는 [+만족][+적극성] 등의 의미양상을 보인다. '熱'은 [+욕심][+인기][+익숙함][+친밀함], '따뜻하다'는 [+자상함][+우호적][+온화함], '뜨겁다'는 [+감격][+열렬함], '화끈하다'는 [+부끄러움][+창피함][+적극적][+공격적] 등의 의미양상을 보이고 있다.

韓・中 촉각형용사 가운데 통각형용사 '가렵다', '간지럽다'는 [+답답함], '근지럽다'와 '痒'은 [+욕구]의 의미양상을 보이며, '시큰하다'는 [+감동], '쓰리다'는 [+측은함][+아쉬움] 등의 의미양상을 보인다.

이상의 논의를 통해서 韓·中 감각형용사의 의미를 파악해 보았다. 본 연구를 통해서 어휘에 대한 의미론적 접근 특히 대조언어학의 관점에서 의미론적 접근이 그다지 쉬운 것이 아니라는 느낌이 들었다. 특히 광선의미의 시각형용사와 청각형용사에서는 韓·中 양 언어의 공통된 변별기준을 정하기가 어려운 것으로 판단되었다. 또한 비슷한 의미를 갖고 있는 어휘들이 한국어에서도 유의어들로 존재하고 중국어에서도 유의어로 존재하므로 이것들을 변별하는 작업은 쉬운 일이 아니었다. 이러한 한계는 앞으로 지속적으로 극복되어야 할 과제로 우리 앞에 남으며 또한 대조언어학에 관한 일관된 방법론 확정에 대해서도 많은 연구가 필요하다고 판단된다.

| 참고문헌 |

강덕구(1995), 「한일어 신체어 어휘소의 다의 구조 연구」, 동아대 교육대학원 석
　　　사논문.
강보유(1994), 「빛깔형용사의 색채학적 의미구조 특성」, 「논문집」 2, 경희알타
　　　이어연구소.
강석준(1989), 「현대 국어의 감각어 연구」, 충남대 교육대학원 석사논문.
강신항(1985), 「朝鮮時代의 譯學정책과 譯學者」, 탑출판사.
______(1988), 『한자어 사용의 현실과 처리 문제』, 「국어생활」 제14호.
姜彦廷(1999), 「한국어동사 '보다'와 일본어동사 'みる'의 對照比較 硏究」, 경
　　　상대 교육대학원 석사논문.
강은국(1995), 「조선어문형연구」, 박이정.
강재원(1985), 「우리말 색채어의 어휘 분화 연구」, 전북대 교육대학원 석사논문.
강현화(2003), 「대조분석론」, 역락.
고명균(1991), 「의미자질에 의한 어휘의 성분분석」, 「우리어문학 연구」 6, 한국
　　　외대 사범대학 한국어 교육과.
고려대학교 민족문화연구원(2002), 『중한사전』.
국립국어연구원(1999), 『표준국어대사전』, 동아출판사.
김건환(1977), 「우리말과 독일어의 意味면에 있어서의 대조 연구」, 「언어」 2,
　　　한국언어학회.
______(1987), 『對比言語學 – 그 可能性과 限界』, 「인문과학논총」 19, 건국대
　　　인문과학연구소.
김광해(1989), 「現代國語의 類意現象에 대한 硏究", 서울대 대학원 박사논문.
______(1998), 「유의어의 의미 비교를 통한 뜻풀이 정교화 방안에 대한 연구",
　　　「선청어문」 26, 서울대 국어교육과.
______(1999), 「형용사 유의어의 뜻풀이 정교화 방안에 대한 연구」, 「선청어문」

27, 서울대 국어교육과.

김기혁(1981), 『국어 동사류의 의미구조』, 「말」 6, 연세대 한국어학당.

______(1989), 『진행구성의 문법범주』, 「배달말」 14, 배달말학회.

김남탁(1996), 『성상형용사 구문의 구조 변천-'좋다'구문을 중심으로", 「어문론
　　　총」 30집, 한국문학언어학회.

김도환(1997), 『한국속담활용사전』, 한울아카데미.

김문창(1993), 『고유어식 사람이름에 대하여』, 「어문연구」 77-78합호, 한국어
　　　문교육연구회.

김병욱(1983), 「국어 음운체계 변천에 대한 연구」, 명지대 대학원 박사논문.

김복년(1996), 「現代 中國語의 色彩語 硏究」, 한국외대 대학원 석사논문.

김상대(1988), 「形容詞의 意味 特性」, 「先淸語文」(16.17合), 서울대 국어교육과.

김선희(1990), 『감정동사에 관한 고찰』, 「한글」 208호, 한글학회.

김성대(1977), 『우리말의 색채어 낱말밭-조선 시대를 중심으로』, 「한글」 164,
　　　한글학회.

김성화(1993), 『형용사 유의어의 연구(1): '곱다/예쁘다/아름답다'』, 「우리말교육」
　　　2집, 부산교육대 국어교육학과.

______(2001), 『형용사 유의어 연구(3): '조용하다/고요하다'』, 「어문학교육」
　　　23집, 한국어문교육학회.

______(2003a), 『형용사 유의어 연구(5): '기쁘다/즐겁다'』, 「어문학교육」 26집,
　　　한국어문교육학회.

______(2003b), 『형용사 유의어 연구(6): '바르다/옳다'』, 「어문학교육」 27집.
　　　한국어문교육학회.

김성희(1994), 「한일 비유표현에 관한 고찰」, 한국외대 대학원 석사논문.

김승곤(1992), 『음성학』, 과학사.

김영수(1974), 「색채어를 통한 작가 연구」, 「논문집」 8, 청주대학교.

김영순(2003), 「韓·中 양국어 부정구조 대조연구」, 울산대 대학원 석사논문.

김인화(1987), 「현대 한국어의 색채어 연구」, 이화여대 대학원 석사논문.

김정은(2002), 「韓中 단음절 한자어 대비연구-의미를 중심으로」, 성균관대 교
　　　육대학원 석사논문.

김종태(1984), 『어휘의 의미구조』, 「人文論叢」 25.

______(1984), 『낱말의 의미구조』, 「言語硏究」 7집, 부산대학교 어학연구소.

김준기(1999a), 『국어 미각어 고찰』, 「한국어 의미학」 제5집, 한국어 의미학회.

______(1999b), 『유의어 〈겪다/당하다〉의 의미考』, 「인천어문학」 14·15집,
　　　인천대 국어국문학과.

______(1999c), 「현대국어 타동사 유의어 연구」, 인하대 대학원 박사논문.

______(2000), 『유의어의 의미 변별법에 대한 고찰』, 「인천어문연구」 16집, 인
　　　천어문학회.

______(2002a), 『온도어의 의미 고찰』, 「어문학」 78집, 한국어문학회.

______(2002b), 『촉각어의 의미에 대하여』, 인천어문연구」 17·18집, 인천어문학회.

______(2004), 『척도형용사의 다의성 연구』, 「새국어교육」 67호, 한국국어교육학회.

김지은(1999), 『'싶다'구문에 대한 연구』, 「牧園語文學」 17집.

김지형(1990), 「한국어와 중국어의 어두음 비교연구」, 경희대 대학원 석사논문.

김찬화(2004), 『한중 미각형용사 대조 연구』, 「인천어문연구」 19집, 인천어문학회.

김창섭(1985), 『視覺形容詞의 語彙論』, 「관악어문연구」 10집, 서울대 국어국문학과.

김화숙(1997), 「汉语和韩语的歧义现象比较」, 북경대, 석사논문.

남기심·고영근(1991), 「표준 국어 문법론」, 탑출판사.

남지순(1993), 『한국어 형용사 구문의 통사적 분류를 위하여1 −심리형용사구문−」,
　　　「어학연구」 제29권 제1호.

노대규(1988), 「국어의미론 연구」, 국학자료원.

노동선(1976), 『中國語發音敎育의方案』, 〈中國硏究〉 2집, 한국외대 중국문제
　　　연구소.

맹주억(1990), 『中國의 韓中 二中言語現況과 中國語의 影響』, 〈人文論叢(경기대)〉
　　　창간호.

______(1999), 『중국어 학습자 언어중의 중국어 침투 현상』, 「외국어교육연구논집
　　　」 13, 한국외대 외국어교육연구소.

민현식(1992), "중세국어 성상 부사 연구(1)』, 국어국문학 107호, 국어국문학회.

박갑수(1975), 『현대시에 반영된 색채어 연구』, 국어교육 23·24, 한국국어교
　　　육연구회.

______(1976), 「색채어의 위상 −시와 소설의 경우−」, 김형규 교수 정년퇴임
　　　기념논문집.

박경희(1990), 「조사 '−다가'의 의미연구」, 연세대 대학원 석사논문.

박경현(1982), 「현대국어 공간개념어의 의미연구」, 명지대 대학원 박사논문.

______(1985), 『현대국어 위치 방향어의 의미연구1』, 「논문집」 5, 경찰대.

박덕유(1998), 「國語의 動詞相 硏究」, 한국문화사.

박대웅(1989), 「인간과 음악 제2판」, 이론과 실천.

박문섭(1986), 『우리말 형용사의 감각어 연구』, 「어문논집」20, 중앙대문리과대학.

박선우(1985). 「현대 국어의 색채어에 대한 연구 −색채형용사를 중심으로−」,
　　　고려대 대학원 석사논문.

박영준, 최경봉(2002), 『관용어사전』, 태학사.

박용수(1995), 『새 우리말 갈래사전』, 서울대학교 출판부.

박정현(1999), 「韓中 양국어 문형대조 연구」, 울산대 교육대학원 석사논문.

배해수(1982a), 길이 그림씨에 대한 고찰」, 「용봉논총」 12호, 전남대 인문과학
　　　연구소.

______(1982b), 『맛 그림씨의 낱말밭』, 「한글」 176호, 한글학회.

______(1983a), 『넓이 그림씨에 대한 고찰』, 「한글」182호, 한글학회.
______(1983b), 『부피 그림씨에 대한 고찰』, 「문리경상논집」 1호, 고려대 문리
     대학 경상대학.
백석원(1997), 「현대 국어 공간지각어의 의미 연구」, 국민대 석사논문.
서정범(1987), 「감각언어의 의미와 표현」, 경희대 교육대학원 석사논문.
서정범(1996), 「우리말의 뿌리」, 고려원.
성원경(1977), 『韓中 兩國에서 現用하는 漢字語彙比較考』, 「省谷論叢」 8집.
______(1988), 『韓中語法比較考』, 「人文科學論叢」 20집, 건국대학교.
성환갑(1983), 「고유어의 한자어 대체에 대한 연구」, 중앙대 대학원 박사논문.
손남익(1995), 「국어부사연구」, 박이정.
손세모돌(1996), 「국어보조용언연구」, 한국문화사.
손용주(1992), 『감각형용사의 분류 체계』, 「대구어문논총」 10집, 대구어문학회.
______(2000), 「국어어휘론 연구방법」, 문창사.
손칠호(1988), 「한일 양국 관용어 비교연구」, 건국대 석사논문.
송철의(1988), 『파생어 형성에 있어서의 제약현상에 대하여』, 국어국문학 99,
     국어국문학회.
신순자(1996), 『형용사의 분류』, 「語文論集」 제6집.
______(1997), 『형용사의 형태 구조적 특성』, 「語文論集」 제7집.
신지연(1999), 『국어품사론의 몇 가지 문제에 대하여』, 「목원어문학」 17집, 목원대.
신현숙(1984), 「동사 받다/얻다/버리다/잃다의 의미연구」, 건국대 박사논문.
______(1986), 「의미분석의 방법과 실제」, 한신문화사.
심재기(1982), 「국어 어휘론」, 집문당.
______(1988), 『한국어 관용표현의 화용론적 연구』, 「관악어문연구」 11집.
______(1994), 『俗談辭典 編纂史草』, 「새국어생활」 4권 제2호.
양선혜(1998), 「심리형용사 구문의 통사적 특성에 관한 연구」, 경북대 대학원 석
     사논문.
양태식(1985), 「국어 차원낱말의 의미구조」, 태화출판사.
______(1988), 『우리말 온도 어휘소 무리의 의미구조』, 「한글」 201.202, 한글학회.
______(1992), 『국어 구조의미론』, 서광학술자료사.
연세대학교 언어정보개발연구원(2002), 『연세한국어사전』, 두산동아.
염선모(1984), 『의미의 성분분석에 대하여』, 목천 유창균 박사 환갑 기념 논문집.
오문의(1992), 『現代 中國語 形容詞 重疊 形態 硏究』, 한국방통대 논문집 16집.
______(1993), 「現代中國語 形容詞 硏究」, 서울대 대학원 박사논문.
유금순(1981), 「韓英 兩語의 色彩語 比較硏究」, 부산대 교육대학원 석사논문.
유병태(1997), 『의미의 전이에 관한 연구』, 「논문집」 관동대학교.
유현경(1997), 『심리형용사 구문에 대한 연구』, 「말」 22집, 연세대 한국어학당.
______(1998), 「국어 형용사 연구」, 한국문화사.

陸 欣(1997), 「韓中 양국의 속담비교연구」, 명지대 대학원 석사논문.

윤경애(2003), 「韓中담화에 나타나는 생략현상 대조연구」, 고려대 대학원 석사논문.

윤동원(1987), 『形容詞派生接尾辭{－스럽－}, {－롭－}, {－답－}의 연구』, 서울대사범대 부속학교 교육논문집 8집.

윤우진(2001), 「韓中 실용 한자어휘 비교연구」, 경성대 대학원 석사논문.

이광호(1992), 「국어 유의어의 통시적 연구」, 경북대 대학원 박사논문.

이근효(1996), 『現代 漢語의 形容詞 硏究』, 中國問題硏究 제8집.

이기동(1986), 『낱말의 의미와 범주화』, 「동방학지」 50집, 연세대 국학연구원.

이기문(2000), 『國語史槪說』, 태학사.

이동길(1988), 「현대국어 미각어의 어장분석」, 경북대 교육대학원 석사논문.

이상도(1996), 『韓中대조연구에 대한 통시적 고찰』, 노동선 교수정년퇴임기념 논문집, 한국외대 외국학 종합연구센터 중국연구소.

______(1999), 『身體語 다의구조에 대한 韓中 대비연구』, 「中國硏究」 23집, 한국외대 중국문제연구소.

이소희(1998), 「중국어 번역 방법 연구」, 이화여대 교육대학원 석사논문.

이숙(1983), 「연결어미 '－느라고'의 의미적 통사적 분석」, 연세대 석사논문.

이승명(1988), 『국어 미각 표시 어군의 구조에 대한 연구』, 「국어국문학」 100, 국어국문학회.

이승애(1997), 「국어 색채어의 의미구조 연구」, 경희대 대학원 석사논문.

이은경(2000), 「중국어 양사 연구－한국어와의 비교를 중심으로』, 이화여대 교육대학원 석사논문.

이익섭·이상억·채완(1997), 『한국의 언어』, 신구문화사.

이익섭(1999), 『國語學槪說』, 학연사.

이익섭·채완(2002), 『국어문법론강의』, 학연사.

이석주·이주행(1997), 『국어학개론』, 대한교과서주식회사.

이재인(1989), 『명사 파생 절차의 통사적 기술』, 「배달말」 14, 배달말학회.

이정민·배영남(1987), 『언어학사전』, 박영사.

이종열(1997), 「현대국어 동의어의 인지의미론적 연구」, 경북대 대학원 석사논문.

______(2003), 『비유와 인지』, 한국문화사.

이주행(1993), 『現代國語文法論』, 大韓敎科書株式會社.

이즈믄·김준기 역(2001), 『현대 의미론의 이해』, 역락.

이철수(2002), 『音韻論의 理解』, 명칭과학출판부.

______(1996), 『國語形態論』, 仁荷大學校 出版部.

______·김준기 역(2001), 『현대 언어의 모습』, 역락.

이희승(1998), 『국어대사전』, 민중서림.

임규홍(1994), 『'－어 가지고'에 대하여』, 「배달말」 19, 배달말학회.

임두학(1997), 『한국어 후각·미각형용사 연구』, 경기대 대학원 논문집.

임지룡(1984), 『공간 감각어의 의미 특성』, 「배달말」 9, 배달말학회.

______(1989), 『국어 대립어의 의미 상관체계』, 형설출판사.

______(1991), 『국어 기초 어휘에 대한 연구』, 「국어교육연구」 23, 경북대 사범
　　대학 국어교육연구회.

______(1993), 『원형이론과 의미의 범주화』, 「국어학」 23, 국어학회.

______(1996), 『다의어의 인지적 의미특성』, 「언어학」 18, 한국언어학회.

______(1997), 「국어 의미론」, 탑출판사.

임홍빈(1991), 『국어 분류사의 변별 기준에 대하여』, 이승욱 회갑논문집.

______(1999), 『한국어사전』, 시사에듀케이션.

임효섭(2000), 『중국어 학습에 있어서 한국어의 간섭현상』, 「아태관광연구」 5호.

전영우(1998), 『신국어 화법론』, 태학사.

정관채(1998), 「중한 예절의 비교연구」, 경기대 교육대학원, 석사논문.

정기엽(1976), 『漢字의 韓國音과 中國音과의 比較』, 「中國研究」 2집, 한국외
　　대중국문제연구소.

정유진(1988), 「한국어 감각동사의 의미관계와 논항 구조」, 고려대 대학원 석사논문.

정은영(1990), 「국어 유의어의 구조의미론적 연구」, 부산여대 대학원, 석사논문.

정인수(1994), 「國語 形容詞의 意味 資質 研究」, 영남대 대학원, 박사논문.

______(1998), 『국어 청각형용사의 의미연구』, 「어문학」 67, 한국어문학회.

정재윤(1988), 『우리말 색채어의 낱말밭』, 「국어교육」 63−64, 한국국어교육연구회.

______(1989), 『우리말 감각어 연구』, 한국문화사.

조문우(2003), 『한국어 '가다/오다'와 중국어 '去/來'의 대조연구』, 전주대 석사논문.

조선 평양 사회과학출판사(1992), 『조선말사전』(상, 하).

조영화(2003), 「현대 중국어와 한국어의 시상에 대한 연구」, 상명대 대학원 석사논문.

조윤제(1988), 『俗談의 語彙意味論的 研究−俗談語彙의 分析』, 「東西語文研究」 3집.

진명출판사(2000), 『진명韓中사전』.

진영심(2003), 「韓中 어휘비교에 관한 연구」, 대구 카톨릭대 대학원 석사논문.

천시권(1979), 『국어 의미구조의 분석적 연구』, 일심사.

______(1980), 『온도어휘의 상관체계』, 「국어교육연구」 12집, 경북대 사대국어
　　교육연구회.

______(1982), 『국어 미각어의 구조』, 「어문연구」 7집, 경북대 어학연구소.

천시권·김종택(2001), 『국어의미론』, 형설출판사.

최경봉(1994), 『관용어의 의미구조』, 「어문논집」 33, 고려대 국어국문학연구회.

______(1998), 『국어 어휘의미 연구에서 인지의미론의 수용양상과 전망』, 「한
　　국언어문학」 41, 한국언어문학회.

최길용(1991), 『현대 한국어 형용사의 형태구조 분석』, 「京畿語文學」 제9집.

최성만(1999), 『韓中異義語辭典』, 서림문화사.

최영준(1977), 『색채원론』, 명사.

최은규(1985), 「現代國語 類義語의 意味構造 硏究」, 서울대 대학원 석사논문.
최창렬(1979), 『국어 동사의 의미구조』, 「인문논총」(7), 전북대 인문학 연구소.
______(1980), 『국어 의미구조 연구』, 한신문화사.
______(1988), 『우리말 색채어의 어원적 의미』, 「한글」 183, 한글학회.
최현배(1985), 『우리말본』, 정음사.
하길종(1999), 「현대 한국어 비교구문 연구」, 박이정.
한진건(2002), 『진명 뉴밀레니엄 韓中사전』, 진명출판사.
현성순(1982), 「한국어의 색채 어휘에 대한 연구」, 단국대 교육대학원 석사논문.
홍선희(1982), 『우리말의 색채어 낱말밭』, 「한성어문학」1, 한성대학교.
홍재성 외(2002), 『한국어 동사구문사전』, 두산동아.
황병순(1989), 『감각동사 '보다'와 행위동사 '보다'』, 「배달말」 14, 배달말학회.
허 벽(1991), 『中韓語彙比較硏究』, 「東方學誌」 68집, 연세대 국학연구원.

曹 恺(1991), 「颜色与语言」, 读写月报(4期).
曹 炜(2001), 『现代汉语词义学』, 学林出版社.
常敬宇(1992), 「汉语象征词语的文化含义」, 语言教学与研究(4期), 北京语言学院.
陈建文, 王聚元(2001) 汉语戏谑语词典, 上海人民出版社.
董大年(1999), 『现代汉语分类词典』, 汉语大词典出版社.
范开泰(2001), 『语言问题在认识』, 上海教育出版社.
葛本儀(2002), 『汉语词汇学』(第3册)－汉语的词汇探析, 山东大学出版社.
______(2002), 『汉语词汇学』(第4册)－汉语词汇的语用探析, 山东大学出版社.
______(2002), 『汉语词汇学』(第5册)－汉语词汇的动态发展变化探析, 山东大
        学出版社.
______(2002), 『现代汉语词汇学』, 山东人民出版社.
贾彦德(1999), 『汉语语义学』, 北京大学出版社.
金明珠(1999), 「从'色彩'象征意义看韩中人民的文化心理」, 北京大 硕士论文.
李红印(2002), 「现代汉语颜色词词汇－语义系统」, 北京大学 博士论文.
李行建(2001), 『现代汉语谚语规范词典』, 长春出版社.
______(2001), 『现代汉语惯用语规范词典』, 长春出版社.
刘丹青(1990), 「现代汉语基本颜色词的数量及序列」, 语言文字(9月), 中國人大.
刘钧杰(1985), 「颜色词的构成」, 汉语教学与研究(2期), 北京语言学院.
劉叔新, 李行健(1979), 『词语的知识与运用』, 天津人民出版社.
劉叔新·李行健 저, 정헌철·송상미 편역(2003), 『현대 중국어 어휘학 입문』,
        서울 학고방.
林伦论(2000), 『现代汉语新词语词典』, 花城出版社.
吕叔湘(2000), 『现代汉语八百词』, 商务印书馆.
商务印书馆(2000), 『应用汉语词典』.

__________(2002), 『倒序现代汉语词典』.

__________(2002), 『古今汉语词典』.

邢公畹(1994), 『现代汉语教程』, 南开大学出版社.

赵永新(1995), 『语言对比研究与对外汉语教学』, 华語教育出版社.

张清常(1991), 「汉语的颜色词」, 汉语教学与研究(3期), 北京语言学院.

张旺熹(1988), 「色彩词语联想意义初论」, 语言教学与研究(3期), 北京语言学院.

张永言(1992), 「上古汉语的 五色之名」, 语文学论集, 语文出版社.

朱文俊(1990), 「汉语语文化」(续), 汉语教学与研究(3期), 北京语言学院.

青木浩之(2000), 「한일 미각어 대조연구」, 부산대 대학원 석사논문.

와다 다카히로(1990), 「한국어의 '自感性' 感覺語 연구」, 고려대 대학원 석사논문.

Berlin, B. & P. Kay(1969), *Basic Color Terms*, Their Universality and Evolution University of California Press.

Fisiak, J.(1981), *Contrastive Linguistics and the Language Teacher*, Oxford Pergamon.

Lakoff, G. M. Johnson (1980), *Mataphors We Live By*, Chicago and London: The University of Chicago Press(노양진, 나익주 옮김 1995, 삶으로서의 은유, 서광사).

Kneale, William & Kneale, Martha(1978), *The Development of Logic*, Oxford University Press, Oxford, London, Great Britain.

Leech, G. N.(1974), *Semantics,* Harmondsworth: Penguin.

__________(1983), *Principles of Pragmatics,* Londen: Longman.

Lyons, J.(1977), *Semantics,* Cambridge Univ. Press.

__________(1981a), *Language and Linguistics,* Cambridge Univ. Press.

__________(1981b), *Language, Meaning and Context,* Fontana Paper-backs.

Ullmann, S. 지음, *The Principles of Semantics*, Oxford: Basil Blackwell. 남성우 역(1979), 의미론의 원리, 탑출판사.

__________ 지음, *Semantics: An Introduction to the science of Meaning*, Oxford: Basil Blackwell. 남성우 역(1987), 의미론: 의미과학입문, 탑출판사.

Zgusta, L.(1971), *Manual of Lexicography*, Mouton, The Hague.

김찬화

▍약력

중국 흑룡강성 상지시 출생
1995년 7월 중국 연변대학교 조선언어문학학과 졸업, 문학학사
2000년 2월 인천대학교 대학원 국어국문학과 졸업, 문학석사
2005년 2월 인천대학교 대학원 국어국문학과 졸업, 문학박사
현재 중국 천진외국어대학교 한국어학과 부교수

▍주요 연구성과

「한중 미각형용사 대조연구」
「연결어미 '-고도'의 의미와 통사적 제약」 등 논문 10여 편
『旅游韓語會話』 등 한국어 학습지도서 2부

韓·中
감각형용사 의미 구조

초판인쇄 | 2010년 6월 30일
초판발행 | 2010년 6월 30일

지은이 | 김찬화
펴낸이 | 채종준
펴낸곳 | 한국학술정보㈜
주　소 | 경기도 파주시 교하읍 문발리 파주출판문화정보산업단지 513-5
전　화 | 031) 908-3181(대표)
팩　스 | 031) 908-3189
홈페이지 | http://ebook.kstudy.com
E-mail | 출판사업부 publish@kstudy.com
등　록 | 제일산-115호(2000. 6. 19)

ISBN　978-89-268-1115-3 93710 (Paper Book)
　　　　978-89-268-1116-0 98710 (e-Book)

내일을여는지식 ▉ 은 시대와 시대의 지식을 이어 갑니다.